« *Professionnaliser l'enseignement,
c'est progresser collectivement
vers un idéal professionnel* ».

Conseil supérieur de l'éducation,
Un nouveau souffle pour la profession enseignante, 2004

L'éthique
professionnelle
en enseignement

PRESSES DE L'UNIVERSITÉ DU QUÉBEC
Le Delta I, 2875, boulevard Laurier, bureau 450
Québec (Québec) G1V 2M2
Téléphone : 418-657-4399 • Télécopieur : 418-657-2096
Courriel : puq@puq.ca • Internet : www.puq.ca

Diffusion / Distribution :

CANADA et autres pays

PROLOGUE INC.
1650, boulevard Lionel-Bertrand
Boisbriand (Québec) J7H 1N7
Téléphone : 450-434-0306 / 1 800 363-2864

FRANCE
AFPU-DIFFUSION
SODIS

BELGIQUE
PATRIMOINE SPRL
168, rue du Noyer
1030 Bruxelles
Belgique

SUISSE
SERVIDIS SA
Chemin des Chalets
1279 Chavannes-de-Bogis
Suisse

Marie-Paule Desaulniers et France Jutras

L'éthique professionnelle en enseignement

Fondements et pratiques

2009

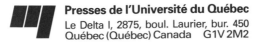

Presses de l'Université du Québec

Le Delta I, 2875, boul. Laurier, bur. 450
Québec (Québec) Canada   G1V 2M2

Catalogage avant publication de Bibliothèque et Archives Canada

Desaulniers, Marie-Paule, 1947-   .

  L'éthique professionnelle en enseignement : fondements et pratiques

  (Collection Éthique ; 11)
  Comprend des réf. bibliogr.

  ISBN 2-7605-1389-0

    1. Enseignants – Déontologie. 2. Enseignement – Pratique.
  3. Enseignants – Formation. 4. Enseignants – Déontologie – Québec (Province).
  5. Enseignants – Déontologie – Problèmes et exercices. I. Jutras, France, 1955-   .
  II. Titre. III. Collection : Collection Éthique (Presses de l'Université du Québec) ; 11.

  LB1779.D47 2006   174'.937   C2005-941956-3

Nous reconnaissons l'aide financière du gouvernement du Canada
par l'entremise du Programme d'aide au développement
de l'industrie de l'édition (PADIE) pour nos activités d'édition.

La publication de cet ouvrage a été rendue possible
grâce à l'aide financière de la Société de développement
des entreprises culturelles (SODEC).

Mise en pages : INFOSCAN COLLETTE QUÉBEC

Couverture – Conception : RICHARD HODGSON
              Illustration : GLENDA HAWTHORNE

1 2 3 4 5 6 7 8 9 PUQ 2009 9 8 7 6 5 4 3 2 1

Dépôt légal – 1ᵉʳ trimestre 2006
Bibliothèque nationale du Québec / Bibliothèque nationale du Canada
Imprimé au Canada

Remerciements

Nos remerciements s'adressent, tout d'abord, aux étudiantes et étudiants en formation initiale à l'enseignement de l'Université du Québec à Trois-Rivières et de l'Université du Québec à Rimouski, campus de Lévis. Ils ont été les premiers à suivre un cours à partir des données contenues dans ce livre et ils ont apporté de précieux commentaires en vue de son amélioration sur le plan des concepts et de l'approche pédagogique.

Nous remercions également les étudiantes et étudiants des 2e et 3e cycles, les collègues et le directeur Georges A. Legault du Centre interuniversitaire de recherche en éthique appliquée (CIRÉA) de l'Université de Sherbrooke pour leurs commentaires avisés et le partage d'une réflexion commune dans le domaine de l'éthique.

Nous tenons enfin à remercier le doyen des études de cycles supérieurs et de la recherche de l'Université du Québec à Trois-Rivières dont le soutien financier a été essentiel à la publication de ce livre.

Table des matières

CHAPITRE 4
L'éthique professionnelle   67

CHAPITRE 8

La relation au savoir
dans l'enseignement

CHAPITRE 9

Les valeurs professionnelles
du personnel enseignant

Liste des figures et tableaux

Introduction

L'éducation est un enjeu fondamental de nos sociétés modernes ; c'est ce que rappellent de façon unanime les études, les rapports et les commissions internationales sur l'éducation (Gauthier et Mellouki, 2003). Un des défis des sociétés du savoir consiste à former le personnel enseignant de la façon la plus pertinente possible, car la qualité de l'éducation dépend en grande partie de sa compétence professionnelle.

Parmi les aspects de la compétence professionnelle des enseignantes et enseignants qui ont soulevé des questionnements majeurs depuis les États généraux sur l'éducation des années 1995 et 1996, on retrouve celui de l'éthique professionnelle. En effet, le domaine de l'enseignement n'échappe pas au raz de marée éthique qui déferle sur le monde des affaires et sur les milieux professionnels. Dans ce cas, la demande éthique est notamment portée par les parents d'élèves et les regroupements d'enseignants en faveur de la création d'un ordre professionnel. Ceux-ci le voient comme une garantie du contrôle de l'éthique professionnelle enseignante par les membres de la profession. Par ailleurs, les enseignantes et enseignants sont constamment mis au défi de manifester dans leur pratique une certaine éthique professionnelle. Cette éthique ardemment souhaitée est cependant encore en voie de définition.

Ainsi, pour répondre à la demande sociale, tout en se situant en cohérence avec la réforme des programmes axée sur l'approche par compétences implantée graduellement à compter de l'automne 2000, le ministère de l'Éducation exige que les programmes de formation initiale à l'enseignement se préoccupent désormais du développement de la compétence éthique (MEQ, 2001a). On doit former les enseignants en tant que professionnels de l'éducation conscients des composantes éthiques de leur fonction, capables de jugement éthique et d'actions qui le manifestent quotidiennement.

En plus d'orienter la formation, le mouvement de professionnalisation de l'enseignement à l'ordre du jour à peu près partout dans le monde est lui aussi porteur de considérations sur l'éthique professionnelle. C'est ainsi que, comme pour tout autre professionnel, on s'attend de l'enseignante, de l'enseignant qu'il manifeste un certain professionnalisme dans ses attitudes et dans ses interventions, qu'il soit responsable de ses choix professionnels et qu'il puisse rendre compte de ses actions.

Mais en quoi consiste cette compétence éthique ou en quoi devrait-elle consister ? Comment pourrait-elle se manifester dans les gestes pédagogiques ? Sur quels critères peut-on la juger ? Comment peut-on la développer avant l'entrée dans la profession et durant la carrière enseignante ? Ces questions, à l'arrière-plan du débat sur la création d'un ordre professionnel des enseignants, devront recevoir une réponse politique. Mais il s'agit tout autant de questions philosophiques liées à une définition de l'éthique que de questions pédagogiques liées à une conception de l'identité professionnelle enseignante et de la formation en éthique. Il importe alors de préciser en quoi consiste la compétence éthique, en quoi elle est nécessaire à la pratique de l'enseignement.

C'est dans la perspective du développement de la compétence éthique comme compétence professionnelle que se situe cet ouvrage de formation en éthique professionnelle pour les enseignantes et enseignants des écoles primaires et secondaires du Québec. Il est destiné autant à la formation initiale qu'au perfectionnement des enseignants en exercice, car tous sont également interpellés en ce qui concerne leur éthique professionnelle. Bien que ce livre soit destiné à la formation des enseignantes et enseignants, il ne s'agit pas d'un ensemble de recettes ou de méthodes incontestables pour résoudre les problèmes éthiques qui peuvent surgir dans la vie professionnelle.

Il est nécessaire de préciser d'entrée de jeu que cet ouvrage ne prétend pas donner la solution à tous les problèmes rencontrés en enseignement, ce qui constituerait de toute façon une mission impossible et n'irait pas dans le sens d'une véritable formation professionnelle. Ce livre n'a pas été conçu non plus pour prévoir et résoudre d'une façon unique et imposée les divers problèmes éthiques liés à la profession enseignante. En fait, il a été réalisé pour aider les enseignantes et enseignants à saisir la nature profondément éthique de leur travail et à exercer leur jugement professionnel dans les situations qui comportent des enjeux éthiques. Ces situations problématiques sont nombreuses, elles sont diverses et perceptibles dès les premiers stages en formation des maîtres ; elles sont inévitables et, comme il apparaîtra à la lecture du livre, elles sont inhérentes à la nature même de la profession enseignante (Desaulniers, 2002a).

Nombre d'enseignantes et enseignants sont désemparés devant les situations problématiques vécues à l'école. Ils perçoivent, de façon intuitive, qu'il y a là matière à réflexion et à intervention, mais ils ne savent pas comment s'y prendre pour les résoudre. Certains d'entre eux se référeront à leur éthique personnelle, à leur éducation familiale et religieuse, à leurs croyances ou à leurs propres valeurs pour trouver des repères et parfois pour intervenir ; d'autres se contenteront cependant de suivre la coutume ou d'obéir à la lettre à des règlements ou à des normes institutionnelles, sans vraiment comprendre si ces derniers sont adéquats ou non dans la situation. Il manque encore une éthique professionnelle collective à laquelle tous les membres du corps enseignant pourraient se référer et dans laquelle ils pourraient se reconnaitre.

En tant qu'outil de réflexion et de préparation à l'action, ce livre est basé sur le cadre de référence de l'éthique professionnelle développé par Legault (1999). Le champ de l'éthique professionnelle, une forme d'éthique appliquée, a été l'objet de plusieurs recherches auprès de professionnels comme les médecins et les ingénieurs, auprès de divers ordres professionnels ou encore avec de toutes nouvelles professions comme la profession de sage-femme (Legault, 2003). Une éthique professionnelle enseignante est actuellement en émergence. Il reste à préciser ses éléments et à proposer des dispositifs pour la développer individuellement et collectivement : tels sont les objectifs que nous visons ici.

Dans le but d'aider les enseignantes et enseignants à développer leur éthique professionnelle, ce livre présente des connaissances de base et propose des démarches de réflexion et de discussion, et même des indications pour l'action. Il va jusqu'à porter un jugement sur certains comportements inacceptables qui peuvent se rencontrer à l'école. Cela n'est pas une démarche habituelle en éthique appliquée ou en éthique professionnelle, mais elle est courante en morale. Les devoirs et responsabilités des enseignantes et enseignants tels qu'ils sont énoncés dans la *Loi sur l'instruction publique* sont également présentés, ce qui relève plus de la déontologie que de l'éthique professionnelle. Ces mentions sont nécessaires dans la mesure où le personnel enseignant ne dispose pas encore d'ouvrages de référence et de formation systématique sur ces questions. Elles sont essentielles dans une profession où les normes de conduite sont importantes, autant pour les élèves que pour les enseignantes et enseignants qui sont des formateurs et des modèles. La société attend beaucoup d'eux, en particulier des comportements professionnels empreints d'éthique qui contribueront à la fois au développement des jeunes et à leur reconnaissance professionnelle. Ce livre propose des balises pour aider les membres du personnel enseignant à « agir de façon éthique et responsable dans l'exercice de leurs fonctions » comme le recommande le ministère de l'Éducation. Dans une démarche plus classique d'éthique professionnelle, il reviendrait plutôt aux enseignantes et enseignants d'expérience variée de déterminer collectivement ces balises en se fondant à la fois sur la mission sociale de la profession, sur un savoir fondamental en éthique et sur leur savoir d'expérience. Ce travail se réalisera probablement dans l'avenir. Mais pour le moment, l'objectif de ce livre est de favoriser chez les enseignantes et enseignants non une simple obéissance à des principes ou des normes, mais une réflexion sur le sens de leur travail, leurs valeurs professionnelles, les finalités de leurs actions, seuls et avec des collègues. Il s'agit de les aider à développer leur professionnalisme (Desaulniers *et al.*, 2003).

Ce livre peut servir tout autant de référence théorique que de moyen pratique de formation professionnelle. C'est la raison pour laquelle à la fin de chaque chapitre on trouve deux instruments pédagogiques qui permettent de vérifier la compréhension des contenus proposés, de réfléchir à ses propres conceptions de l'éthique et de partager ses réflexions avec ses pairs. Le premier instrument est un questionnaire d'évaluation de la compréhension et de réflexion personnelle. Il peut être complété individuellement ou en petit groupe. Le second instrument comprend des mises en situation à partir desquelles les lecteurs sont invités à échanger en vue de trouver la façon d'intervenir la plus professionnelle dans les circonstances. Les formateurs pourront utiliser ces exercices dans leurs cours en choisissant ceux qui leur semblent les plus adéquats et en incitant les étudiantes et étudiants à faire une partie de ceux-ci en dehors des cours.

Ce livre privilégie la perspective socioconstructiviste dans la formation des enseignantes et enseignants plutôt que l'approche individuelle, et ce, pour deux raisons. La première réside dans le fait que cette perspective est centrale dans la réforme des programmes d'enseignement (MEQ, 2001b) et qu'elle doit être, par conséquent, encouragée dans le cadre de la formation initiale à l'enseignement. La seconde raison repose sur la logique de l'éthique professionnelle : elle ne consiste pas en une démarche qui impose des normes ou des valeurs théoriques à des praticiens mais, au contraire, elle doit être une démarche où les normes et les valeurs sont identifiées et actualisées par les praticiens eux-mêmes, dans leur vie professionnelle quotidienne. Il s'agit alors d'une construction collective de sens qui anime la vie professionnelle et à laquelle ce livre entend participer.

La première partie du livre comprend les quatre premiers chapitres. Dans cette première partie, le cadre social et conceptuel dans lequel se situe la démarche de formation proposée est mis en évidence. Ce cadre sert de fondement théorique aux chapitres subséquents et aux méthodes d'apprentissage proposées tout au long du livre.

Le premier chapitre situe la question de l'éthique professionnelle des enseignantes et enseignants dans le **contexte social et culturel** québécois. Il explique l'émergence de cette problématique dans le monde occidental et son importance dans le contexte de la réforme des programmes d'enseignement et de la formation à l'enseignement. L'éthique professionnelle proposée est reliée à l'identité professionnelle enseignante et elle représente un idéal professionnel à promouvoir.

Le deuxième chapitre présente les **définitions essentielles** qui balisent la notion d'éthique : la morale, la déontologie, l'éthique fondamentale, l'éthique appliquée et l'éthique professionnelle. La notion de réglementation des conduites est abordée dans le cadre du droit ainsi que la distinction entre l'hétérorégulation et l'autorégulation.

Le troisième chapitre décrit **l'encadrement légal et réglementaire de la profession enseignante** par la *Loi de l'Instruction publique*, les politiques des commissions scolaires, les règlements locaux et codes de vie, les conventions collectives. Il rappelle également les structures légales communes à tous les citoyens comme le *Code civil* et le *Code criminel* et leurs incidences sur la pratique enseignante tout en distinguant nettement l'éthique du droit. Il examine aussi la question de la création d'un ordre professionnel des enseignants assorti d'un code de déontologie et d'un comité disciplinaire. Il présente finalement la tension entre l'obéissance aux règles légales et l'auto-régulation nécessaire en éthique professionnelle.

Le quatrième chapitre précise l'apport de l'**éthique profession-nelle** dans la détermination d'une éthique pour les enseignantes et enseignants. Les diverses composantes de la relation professionnelle sont présentées et expliquées par rapport à l'enseignement. L'identité professionnelle est considérée comme intrinsèquement liée tant à une construction collective qu'à une construction individuelle de l'éthique professionnelle.

La deuxième partie du livre comprend les six derniers chapitres. Elle présente les diverses composantes de l'éthique professionnelle des enseignantes et enseignants dans la classe, dans l'école et dans la société.

Le cinquième chapitre s'intéresse aux **finalités éducatives**, à leur nécessité pour donner un sens et une orientation aux interventions éducatives, à leur évolution au Québec. Les trois missions (instruire, *socialiser[1] et *qualifier) reconnues à l'école par la réforme sont rap-pelées ainsi que le rôle des enseignantes et enseignants dans la poursuite de ces finalités. La réflexion sur les finalités éducatives amène à déve-lopper une éthique du service public dans l'enseignement.

Le sixième chapitre précise ce qu'est une **intervention éducative** en distinguant le pouvoir d'intervenir et la nécessité d'intervenir. Il pose la question des limites de l'intervention et reconnaît la possibilité de l'abus de pouvoir qui est un risque réel de toute intervention professionnelle. Les types d'intervention et les actes professionnels des enseignantes et enseignants sont examinés, en particulier dans le cadre de la gestion de classe.

1. Dans chaque chapitre, la première fois qu'un terme est précédé d'un astérisque, il est défini dans le glossaire présenté à la fin de l'ouvrage.

Le septième chapitre porte sur **la relation pédagogique** qui est au cœur de l'enseignement. Il traite des qualités professionnelles reconnues comme essentielles dans la relation avec les élèves. Les questions de la justice, de la discrimination, des préférences personnelles sont abordées ainsi que celle, toujours récurrente, de la séduction pédagogique. Deux cas particuliers sont présentés plus précisément : le contact physique enseignant-élèves et le contrôle de la violence à l'école.

Le huitième chapitre envisage les questions éthiques posées par **la relation au savoir** dans l'enseignement. La réforme insiste sur le mandat culturel de l'école et sur le rôle de l'enseignant comme passeur culturel, puisqu'il est héritier, critique et interprète de la culture. La question de la compétence relative au savoir à enseigner est posée dans ce chapitre comme une question éthique. Elle montre la nécessité de connaissances appropriées et actuelles pour tout le personnel enseignant et l'obligation d'un perfectionnement continu, en continuité avec la compétence 12 du référentiel de compétences professionnelles du MEQ pour la formation à l'enseignement.

Le neuvième chapitre aborde l'éthique comme domaine contemporain de **réflexion rationnelle sur les valeurs** et de promotion de celles-ci dans l'espace public. La notion de valeur est définie ainsi que les divers niveaux de valeurs : valeurs personnelles, valeurs professionnelles et valeurs sociales. Les conflits de valeurs qui peuvent survenir dans la pratique enseignante sont abordés en relation avec ces trois niveaux. Les valeurs professionnelles sont considérées comme des éléments essentiels de l'identité professionnelle du personnel enseignant et la délibération éthique comme un moyen de s'approprier collectivement des valeurs professionnelles.

Le dixième chapitre situe l'éthique professionnelle enseignante dans le **cadre de l'école**. Il développe la notion de communauté éducative et indique la responsabilité collective des enseignantes et enseignants à l'égard de la réussite des élèves. La vie de la classe et la vie de l'école fournissent également de nombreux exemples d'engagement, par exemple, dans des projets pédagogiques. La dimension professionnelle de l'éthique est renforcée par l'approche du professionnalisme collectif à l'échelle de l'école, mais aussi à l'échelle de la société.

PARTIE

1

Le cadre social
et conceptuel de l'éthique

Les questions relatives à l'éthique sont régulièrement soulevées par les médias et dans les discussions professionnelles. Elles peuvent concerner, par exemple, une avancée technoscientifique comme le clonage ou des gestes posés dans l'exercice professionnel. Dans le but de mieux comprendre la situation, l'événement ou le cas, on va l'analyser pour dégager sa nature, ses enjeux, ses conséquences. Il arrive un moment où les analystes vont dire : « À quel problème moral a-t-on affaire dans cette situation ? » ou encore : « Quelles balises éthiques peuvent éclairer et guider l'agir dans la situation ? »

La première partie de ce livre vise à mettre en relief pourquoi et comment dans le monde d'aujourd'hui on se réfère à l'éthique pour encadrer les conduites humaines en général et les conduites professionnelles en particulier. C'est ainsi que le premier chapitre traite des origines de l'appel à l'éthique depuis la Deuxième Guerre mondiale et des différents domaines où elle est sollicitée. L'analyse de ces domaines permet de situer l'éthique enseignante comme éthique professionnelle. Dans le deuxième chapitre, les termes relatifs au domaine de l'éthique sont définis. La conception de l'éthique comme régulation de l'agir est mise en valeur. Cette conception sert de base aux troisième et quatrième chapitres dans lesquels on retrouve l'encadrement légal et réglementaire de la profession enseignante et l'éthique professionnelle relative à la pratique enseignante.

La première partie de ce livre donne accès aux concepts fondamentaux du domaine de l'éthique et elle fournit le cadre pour baliser
les composantes de la pratique professionnelle enseignante qui seront
abordées dans la seconde partie.

CHAPITRE

L'éthique
Une question sociale

| Intentions pédagogiques |

Après avoir lu ce chapitre et discuté de son contenu, vous devriez être en mesure de :

- Comprendre pour quelles raisons l'*éthique est importante dans la société actuelle ;

- Reconnaître quelques domaines dans lesquels l'éthique s'est développée ;

- Établir un lien significatif entre la professionnalisation du personnel enseignant et la nécessité d'une éthique professionnelle pour les enseignantes et enseignants ;

- Commencer à élaborer votre propre définition de l'éthique.

L'éthique est un sujet à la mode. Sans cesse, des faits d'actualité ou des scandales surviennent et la population appelle alors à davantage d'éthique de la part des décideurs. Pensons, par exemple, à la société Enron qui, en 2002, a ruiné des centaines d'employés et d'épargnants américains à la suite de manœuvres comptables frauduleuses de ses dirigeants ou encore, dans plusieurs pays, aux différents scandales reliés au financement des partis politiques. Ce qui est demandé, ce qui est même exigé, c'est une certaine éthique pour vivre en société.

Au-delà de faits d'actualité dans tous les domaines, et pas uniquement dans celui des affaires ou de la vie politique comme nous venons de le voir, l'éthique semble être une préoccupation présente dans de nombreux milieux. Elle traverse la société et suscite la réflexion de personnes, d'associations, d'institutions diverses y compris les institutions éducatives. Mais, comment se fait-il que cette préoccupation soit si présente depuis quelques années dans nos sociétés ? D'où vient ce « *souci éthique[1] » rencontré partout et que signifie-t-il ?

1.1.   Les raisons de l'émergence de l'éthique dans la société

Si l'on entend partout parler d'éthique, le terme lui-même n'est pourtant pas nouveau. Il a été inventé par les philosophes grecs de l'Antiquité pour désigner une recherche de « la vie bonne » et des vertus humaines comme le courage ou l'honnêteté. Aristote, avec son *Éthique de Nicomaque*, a institué une longue tradition de philosophie morale qui a duré jusqu'au XXe siècle et qui semble actuellement reprendre vigueur avec des philosophes moralistes contemporains comme André Comte-Sponville et son *Petit traité des grandes vertus*. Cependant, cette recherche philosophique est assez différente, par sa forme et sa diffusion, du discours éthique que l'on entend actuellement dans la société. La préoccupation et la demande éthiques sous leur forme sociale actuelle sont apparues au milieu du XXe siècle et sont liées à des événements particulièrement traumatisants pour la conscience collective.

1.1.1.   L'Holocauste

Le premier événement est l'entreprise d'extermination systématique de populations civiles dans des camps de concentration menée par les nazis pendant la Deuxième Guerre mondiale. Les victimes juives à elles seules sont estimées par les historiens à plus de cinq millions de personnes, auxquelles s'est ajouté un autre million de personnes composé essentiellement de Tziganes, d'homosexuels, de déficients intellectuels et de personnes affligées d'un handicap physique,

---

1. L'expression « souci éthique » est utilisée par l'éthicien québécois Pierre Fortin en référence à la définition de l'éthique proposée par le philosophe français Paul Ricœur comme souci de soi, souci d'autrui et souci de la société.

d'opposants politiques et religieux, d'élites polonaises et de populations civiles russes et serbes (Lecompte, 2001). C'est un « saut dans la
barbarie », selon les paroles du philosophe Théodore W. Adorno, qui a
atteint des proportions inimaginables et qui fait douter de la valeur de
l'espèce humaine.

1.1.2. Les bombardements atomiques d'Hiroshima et de Nagasaki

Le deuxième événement se situe dans la même logique guerrière : il
s'agit des bombardements atomiques des villes japonaises
d'Hiroshima le 6 août 1945 et de Nagasaki le 9 août de la même année
par l'aviation américaine. À Hiroshima, 150 000 personnes ont trouvé
la mort et 80 500 ont été blessées ; à Nagasaki, 70 000 personnes ont
été tuées et 74 000 blessées.

Nombre de personnes ont été horrifiées par ces actes qu'elles ont
considérés comme des actes *barbares, c'est-à-dire contraires à l'humanité. Elles en ont appelé à une plus grande conscience éthique, à un
refus de ce qui détruit non seulement les personnes, mais les déshu-
manise ou détruit l'humanité en elles. Certes, les guerres ont toujours
existé, mais dans le cas des camps de concentration, c'est le caractère
systématique et planifié de la destruction qui est nouveau et, dans le
cas des bombardements atomiques, c'est l'ampleur des pertes humaines
et la possibilité d'une destruction de toute vie sur la planète qui ont
amené spécialistes et citoyens à se poser la question suivante : Comment
peut-on faire pour empêcher cela ?

Ainsi, au cœur de l'éthique se trouve l'indignation, ce sentiment
qu'il y a des choses inacceptables, injustifiables, la conviction aussi que
la fin ne justifie pas tous les moyens et la volonté que de telles abomi-
nations ne se reproduisent « jamais plus ». L'éthique se manifeste donc
comme une sorte de sursaut collectif dans des circonstances où un événement semble injuste, immoral, inacceptable, inhumain. Les sentiments
font aussi partie de l'éthique. Il n'est pas nécessaire que les événements
aient une ampleur mondiale pour provoquer une indignation, un questionnement et une recherche de vie meilleure. Chacun peut se souvenir
d'un événement de la vie quotidienne familiale, sociale ou scolaire où
il s'est dit que c'était inacceptable, injuste, en un mot, que c'était mal.

1.1.3. Les conséquences du progrès scientifique et technologique

Le troisième événement expliquant le développement récent dans l'histoire des préoccupations éthiques n'est pas un événement traumatisant mais, au contraire, le développement de quelque chose qui aide les êtres humains à mieux vivre : la science et la technologie. Les sciences ont apporté de plus en plus de connaissances aux êtres humains et la possibilité d'intervenir sur la nature et sur eux-mêmes de façon de plus en plus raffinée et de plus en plus intensive. Il n'y a guère de limites au développement de la technologie dans tous les domaines. Mais, toutes les inventions ont des conséquences sur l'environnement et sur les êtres humains ; certaines d'entre elles sont dangereuses ou bien peuvent être utilisées de façon dangereuse. Le développement technologique a permis, par exemple, l'invention du laser qui peut aussi bien être utilisé comme arme pour tuer que comme technique médicale pour soigner et guérir. Il faut se souvenir ici que la célébrité d'Albert Einstein vient certainement de ses recherches scientifiques qui ont donné naissance à la théorie de la relativité, mais plus sûrement encore à son combat contre l'utilisation des recherches en physique pour élaborer des armes atomiques.

Les sociétés modernes industrialisées ont des ressources technologiques qui leur confèrent de grands pouvoirs et ceux-ci entraînent des responsabilités tout aussi grandes. Une des difficultés des sociétés industrialisées est que l'utilisation des technologies est envisagée pour accroître la performance économique, mais pas, au premier chef, pour assurer le développement et le bonheur des personnes. Plus une société est développée au point de vue scientifique et technologique, plus elle a de pouvoir pour intervenir dans la vie des personnes. Ce n'est certes pas par hasard que l'éthique s'est développée dans les pays les plus riches, les plus industrialisés et les plus avancés au point de vue technologique.

1.1.4. Le déclin de la religion et de la morale traditionnelle

Le quatrième événement lié au développement de l'éthique est la prise de conscience collective que certains repères traditionnels, comme la religion ou le droit, ne suffisent plus pour aider les êtres humains à prendre des décisions et à gérer de façon acceptable la vie en société.

C'est ce qu'on a appelé la crise des valeurs des sociétés occidentales. Nous manquons collectivement de « gyroscope éthique[2] » pour nous orienter, nous repérer et ne pas faire exploser de mines sous-marines ou exploser nous-mêmes.

Jusqu'au début des temps modernes, que l'on situe généralement au XVIIIe siècle, les sociétés reposaient sur l'autorité politique et sur l'obéissance à des principes et à des commandements religieux. La religion a perdu du pouvoir dans les sociétés modernes qui sont, en général, *décléricalisées. Ainsi, le Québec a amorcé sa Révolution tranquille des années 1960 en nationalisant des services éducatifs et sociaux qui étaient auparavant gérés par les autorités religieuses. Récemment, les commissions scolaires *confessionnelles ont été transformées en commissions scolaires linguistiques et la place de l'enseignement religieux a diminué dans les programmes scolaires. La religion peut encore constituer une référence pour certaines personnes, mais elle n'est plus un critère partagé par toute la population qui est beaucoup plus diversifiée qu'autrefois. La *morale, imposée par les familles et qui s'appuyait essentiellement sur la religion, n'est plus acceptée par tous.

Maintenant, chacun cherche des repères et des guides pour savoir comment mener sa vie et les sociétés modernes ne peuvent plus se référer seulement à l'obéissance et à l'autorité. Des repères sont pourtant nécessaires pour savoir jusqu'où aller sans nuire aux personnes et, comme la religion et la morale n'en proposent plus qui soient acceptés par l'ensemble de la société, l'éthique est appelée à la rescousse.

1.1.5. Le besoin de limites et la nécessité de contrôles

Enfin, l'éthique s'est développée pour répondre à un besoin non seulement de repères, mais aussi de limites. Elle a pris le relais, dans certains cas, de la religion et de la morale qui interdisent des comportements comme le meurtre ou le viol, car ceux-ci mettent en péril le respect de la vie humaine et l'ordre social. L'éthique contemporaine s'est développée comme une alternative aux anciennes façons d'encadrer

---

2. Manquer de gyroscope éthique est une expression utilisée par les éthiciens pour illustrer le manque de repères dans notre société.

les comportements sociaux. Ce qui était auparavant interdit par Dieu ou par la morale est devenu non plus interdit, mais inacceptable du point de vue éthique. L'éthique se présente donc comme une barrière moderne contre des comportements socialement nuisibles quand les autres remparts s'écroulent dans les sociétés industrialisées. Nous verrons dans le deuxième chapitre comment l'éthique se distingue de la religion et de la morale et comment elle implique une façon différente de considérer et de résoudre des questions sociales. Il faut cependant garder en tête la filiation de l'une à l'autre.

En somme, il y a plusieurs raisons qui expliquent que l'éthique se soit développée depuis quelques décennies dans les sociétés industrialisées. Au tableau 1, nous voyons que ces raisons mettent en relief les caractéristiques de l'éthique.

Tableau 1
Les caractéristiques de l'éthique

- l'éthique est liée, entre autres, au sentiment que certaines actions humaines sont inacceptables ;
- l'éthique vise à protéger les personnes, à garder en elles ce qui fait leur qualité d'êtres humains ;
- l'éthique est liée au pouvoir que les êtres humains ont sur l'environnement et sur les personnes ;
- l'éthique est un appel à davantage de responsabilité et à davantage de considération des incidences de ses décisions sur autrui ;
- l'éthique est une façon renouvelée de déterminer, de réfléchir et de choisir des comportements individuels et collectifs acceptables ou inacceptables. C'est un instrument de *régulation sociale ;
- L'éthique est une réflexion sur les *valeurs, le sens et les finalités des actions humaines permettant de prendre des décisions éclairées et responsables.

1.2. Quelques domaines actuels de développement de l'éthique

Les questions éthiques surgissent dans toutes les dimensions de la vie humaine, mais l'éthique comme forme de réflexion et d'intervention s'est développée de façon particulière dans divers domaines. La présentation sommaire de quelques-uns de ces domaines fournit des indices sur la façon dont l'éthique pourrait avantageusement se développer dans le monde de l'enseignement.

1.2.1. La bioéthique

Comme son nom l'indique, la *bioéthique est une éthique du vivant, du mot *bios* qui signifie « vie » en grec. Elle est liée au développement des connaissances scientifiques et aux capacités nouvelles de transformation des êtres vivants qui sont induites par les sciences du vivant et les technologies médicales avancées. La science permet de faire reculer les limites de la souffrance avec les médicaments et l'anesthésie, elle peut pallier les handicaps avec des greffes et des prothèses, elle peut intervenir dès la conception avec les nouvelles technologies de reproduction, elle peut aussi repousser les limites de la mort en maintenant artificiellement en vie des personnes lourdement handicapées ou blessées.

Ainsi, les chercheurs et les professionnels de la santé ont toujours davantage de possibilités d'intervenir sur les corps humains et davantage de décisions à prendre concernant l'utilisation de ce pouvoir. Ce n'est pas la science ou la technologie qui prend des décisions et intervient, mais bien des personnes. La bioéthique est la réflexion sur les conséquences de ces décisions sur les personnes et sur la société. Le cas du clonage humain est un cas limite à cet égard puisqu'il s'agit de créer un nouvel être humain grâce à des manipulations génétiques. Qui aura le pouvoir et la responsabilité de décider des caractéristiques de cet être nouveau ? Quels sont les risques encourus par ce nouveau pouvoir ? Quelle sera l'utilisation de ce fabuleux pouvoir ? Voilà bien des exemples de questions fondamentales en bioéthique.

1.2.2. L'éthique clinique

Dans la foulée du développement de la bioéthique et de l'éthique des professions reliées aux soins de santé, un domaine de l'éthique appliquée, appelé l'éthique *clinique, a émergé. En éthique clinique, c'est-à-dire au chevet du malade, on ne va pas seulement s'intéresser au diagnostic, au plan de traitement, au pronostic de la maladie, on va aussi être à l'écoute de ce que le malade vit subjectivement pour trouver comment il convient de le traiter. Être à l'écoute de la personne malade ou souffrante, cela veut dire qu'on va prendre en considération son point de vue. Ainsi, elle n'est pas mise à l'écart des grandes décisions qui la concernent directement dans son corps, dans sa santé et dans sa vie. C'est toute la différence entre une approche des soins de santé où l'important est de trouver la meilleure solution technique à la condition de santé du patient et une approche qui prend en considération la globalité de la personne. Cela peut avoir pour conséquence que, pour un même problème de santé vécu par deux patients, ce ne seront pas les mêmes gestes qui seront posés par l'équipe soignante. Mais ceux qui seront posés pour chacun des individus seront appropriés à leur situation ou à leur cas bien précis et ils seront posés en fonction de leur meilleur intérêt.

Si l'éthique clinique est une éthique de soins dans le quotidien, le personnel qui travaille dans les établissements de santé peut avoir recours au Comité d'éthique clinique pour obtenir des clarifications (Voyer, 1996). Ce comité remplit d'ailleurs plusieurs mandats : émettre des avis pour des problèmes généraux sur des sujets d'intérêt pour leur établissement particulier, délibérer sur un problème spécifique à la demande d'une équipe soignante qui éprouve de la difficulté à trouver une solution satisfaisante, stimuler la réflexion éthique dans l'établissement par des rencontres de discussion.

1.2.3. L'éthique de la recherche

Sans beaucoup y prêter attention, tous les jours, nous consommons des produits et des services qui ont été élaborés à partir de recherches menées par des scientifiques. Pensons à la nourriture que nous mangeons, aux médicaments que nous prenons, aux matériaux dont nos habitations sont construites, aux vêtements que nous portons, aux appareils et aux moyens de transport que nous utilisons, etc. Bref, sans les produits issus des avancées technoscientifiques dont nous bénéficions, notre vie serait immensément différente. Mais avant que ces produits ne parviennent jusqu'à nous, les consommateurs, ils ont fait l'objet de nombreuses études pour les mettre au point et pour vérifier à la fois leur efficacité et leur caractère non dangereux. Cela veut dire qu'à certains moments dans la conduite des recherches, on doit faire appel à ce qu'on nomme, en termes scientifiques, des sujets humains.

Au Canada, par exemple, dans un contexte public comme une université ou un hôpital ou encore dans un contexte privé comme une entreprise, tout chercheur qui doit avoir recours à des sujets humains dans le cadre de ses activités scientifiques doit se conformer à des *normes très précises pour protéger leur intégrité corporelle, psychologique ou culturelle. Selon la politique canadienne en matière de recherche impliquant des sujets humains (CRM, CRSNG, CRSH,

1998), lorsqu'une chercheure ou un chercheur sollicite la participation d'un sujet humain, cette personne doit d'abord très bien lui expliquer en quoi consistera sa participation et les inconvénients reliés à celle-ci. En raison du principe de bienfaisance, les chercheurs ont le devoir de viser le bien des participants et d'optimiser les avantages de leur participation à la recherche. En raison du principe de non-malfaisance, les sujets humains ne doivent pas être exposés à des risques inutiles et les chercheurs ont le devoir d'éviter, de prévenir ou de réduire les inconvénients.

Une fois que la personne pressentie pour participer à la recherche – que ce soit un adulte ou le responsable d'un enfant ou d'une personne inapte – a reçu une explication qui lui permet de bien comprendre le risque encouru, qu'on lui a donné l'assurance qu'elle pourra se retirer en tout temps et que des mesures sont prises pour assurer la confidentialité des données recueillies, elle signe un formulaire de consentement à participer à la recherche.

Pourquoi une branche de l'éthique a-t-elle pour objet l'éthique de la recherche ? L'histoire regorge de pratiques de recherche qui ont été à l'encontre du respect des droits fondamentaux de la personne. On n'a qu'à penser aux expériences menées dans les camps de concentration nazis ou à des fraudes scientifiques notoires où on a trafiqué des résultats de recherche. En éthique de la recherche, on veut éviter que des êtres humains soient manipulés ou utilisés à des fins cruelles. On veut aussi pouvoir analyser et examiner les pratiques de recherche qui nécessitent le recours à des sujets humains. On pose des questions à savoir si ce qui est scientifiquement faisable est moralement souhaitable.

Par exemple, lors des premières greffes d'organes ou de tissus humains, on était devant un problème moral qui concernait autant la bioéthique que l'éthique de la recherche : est-ce acceptable de prendre une partie du corps d'un individu et de le transplanter sur une autre personne ? Nous considérons maintenant qu'il s'agit là d'une pratique extrêmement bénéfique pour l'humanité puisque des personnes doivent leur qualité de vie et même leur vie à une greffe dont elles ont bénéficié. On organise même régulièrement des campagnes qui font la promotion du don d'organes. Mais avant d'en arriver là, il a fallu bien comprendre cette innovation médicale et ses répercussions autant pour le donneur que le receveur.

1.2.4. L'éthique de l'environnement

Le développement des sciences de la terre et l'approche globale des phénomènes proposée par l'écologie ont amené le développement de l'éthique de l'environnement. Bien que l'éthique soit par définition consacrée à la réflexion sur les actions humaines auprès d'autres êtres humains, elle peut aussi s'appliquer à l'environnement dans lequel se trouvent les êtres humains et sur lequel ils agissent. Ce sont en effet les conséquences de ces actions qui intéressent l'éthique de l'environnement, en particulier celles qui touchent la nature et les conséquences de sa transformation ou de sa destruction par les êtres humains à moyen et à long termes. Le cas de la pollution est un bon exemple parce qu'il illustre les répercussions néfastes pour l'environnement de la consommation abusive de produits destructeurs de l'oxygène. Son enjeu est la conservation de la nature pour les générations futures. L'éthique de l'environnement pose la question de la responsabilité des actions humaines sur l'état physique de la planète, depuis les plus petits gestes de la vie quotidienne (pensons à la récupération et au recyclage) jusqu'aux décisions politiques prises au plus haut niveau (pensons au Protocole de Kyoto).

1.2.5. L'éthique des communications

La communication utilisant les *médias est l'une des caractéristiques des sociétés industrialisées dans lesquelles les connaissances sont diffusées et facilement accessibles dans un laps de temps de plus en plus court. Les médias sont de puissants vecteurs de connaissances : en donnant de l'information juste sur l'état du monde, ils permettent aux citoyens de prendre des décisions éclairées dans les sociétés démocratiques dont ils sont un élément essentiel. On peut alors comprendre pourquoi le premier geste des dictateurs a toujours été de contrôler les médias. Cependant, même en l'absence de contrôle politique, le choix qui est fait parmi les événements d'actualité présentés et le sensationnalisme de leur présentation pour augmenter les cotes d'écoute peuvent ne respecter ni la réalité, ni les personnes qui sont censées en bénéficier. Par ailleurs, plutôt que d'informer et de faire réfléchir, les informations transmises par les médias peuvent distraire et même manipuler l'opinion publique, tout particulièrement en temps de guerre. La façon dont l'information est transmise peut aussi bien aider à comprendre et à porter un jugement personnel qu'à faire obéir ou à détourner l'attention. Elle peut respecter ou non les faits et les personnes : c'est, entre autres, ce qui a mené au développement d'une éthique du journalisme. Il reste que l'accès à l'information est inégalement répartie dans les populations et pose une question de justice sociale.

Le cas particulier d'Internet illustre assez bien les questions éthiques liées à l'utilisation des médias. D'une part, ce médium permet un accès direct au savoir qui est, en soi, favorable au déve-loppement intellectuel. Mais, en même temps, Internet donne accès à des savoirs de diverses natures, de qualité inégale, de sources non identifiables et qui n'offrent, par conséquent, aucune garantie de validité. Il permet autant l'entraide entre spécialistes que la constitu-tion de réseaux de *pédophiles, la communication de savoirs utiles à tous autant que le transfert de données personnelles confidentielles. C'est un outil dont l'utilisation peut être favorable aux personnes ou néfaste, comme tout autre outil. D'autre part, il est loin d'être accessible aux personnes et aux populations défavorisées.

Au-delà des différences entre les domaines, l'éthique se présente comme une réflexion, une prise de conscience et une aide à la prise de décision responsable. Ce sont les effets à court, à moyen et à long termes des actions humaines qui intéressent l'éthique. Bien que les domaines précédemment envisagés soient assez éloignés du monde de l'enseignement, ils posent des questions éthiques qui concernent aussi les enseignants comme membres de la société, comme parents, comme citoyens et comme consommateurs. L'éthique donne à penser et à poser des actions dans tous les domaines de la vie : aucun aspect de l'être humain ne lui est étranger.

1.3.   L'éthique et la profession enseignante

1.3.1.   L'éducation et la responsabilité éducative

Les enseignantes et enseignants ont un rôle précis à jouer dans la société : celui d'instruire et d'éduquer les jeunes, et c'est en raison de ce rôle spécifique que l'éthique les concerne de façon particulière. Le mandat confié par la société au personnel enseignant est à la fois très ample et très important : il concerne la formation des citoyennes et citoyens de demain, c'est ce que rappellent sans cesse les textes offi-ciels du MEQ ou d'autres organismes éducatifs. Par exemple, l'avis de 2004 du Conseil supérieur de l'éducation sur la profession ensei-gnante affirme que l'éducation est un *service public et un *bien public.

Les enseignantes et enseignants sont concernés par l'éthique en raison du rôle essentiel qu'ils assument auprès des jeunes et des responsabilités qui en découlent. Certes, ils ne sont pas les seuls dans la société à permettre l'accès à l'information aux jeunes; nous avons vu que les médias jouent un rôle important à cet égard. Et ils ne sont pas non plus les seuls éducateurs puisqu'ils partagent cette fonction avec d'autres professionnels et avec les parents. Mais, en tant qu'acteurs sociaux, ils ont un rôle particulier à assumer et c'est la reconnaissance de l'importance de ce rôle qui amène à considérer qu'ils sont « éthiquement interpellés » (Gohier, 1997).

1.3.2. La professionnalisation de l'enseignement

À ces considérations éducatives générales, il faut ajouter le mouvement de professionnalisation de l'enseignement qui amène à la fois une meilleure reconnaissance de la fonction enseignante et de plus grandes exigences envers les enseignantes et enseignants. En devenant des professionnels, les enseignants gagnent en autonomie et en considération sociale, mais ils sont également soumis à une demande de *reddition de comptes et à des exigences éthiques plus explicites.

Les préoccupations relatives à l'éthique professionnelle sont indissociables du mouvement de professionnalisation aussi bien au Québec qu'en France et aux États-Unis. Il ne faudrait cependant pas croire que la préoccupation relative à l'éthique professionnelle est une réalité nouvelle dans le monde de l'enseignement. La Corporation des enseignants du Québec, par exemple, a élaboré un code d'éthique pour ses membres en 1968, mais celui-ci est tombé en désuétude en 1974 lorsque la corporation s'est transformée en centrale syndicale. De plus, plusieurs codes d'éthique avaient été préalablement rédigés par des associations enseignantes entre 1960 et 1964, notamment par la Corporation des instituteurs et institutrices catholiques du Québec (voir le texte à l'Annexe 1). Et, plus anciennement encore, dans les communautés religieuses enseignantes, on disait avoir charge d'âmes, c'est-à-dire non seulement la responsabilité d'instruire, mais aussi celle d'éduquer des chrétiens et des chrétiennes. On voit par cet exemple la grande transformation de l'enseignement au cours des trente dernières années : le passage d'une vocation à une profession.

1.3.3. La demande éthique et la création d'un ordre professionnel pour les enseignantes et enseignants

Le mouvement de professionnalisation de l'enseignement s'est développé au cours de quelques décennies au Québec. Il est passé de la professionnalisation de l'acte d'enseigner à la professionnalisation de la fonction enseignante, pour se concrétiser maintenant dans la définition de l'enseignant comme professionnel. Or, les professionnels se définissent par leurs compétences de spécialistes autant que par leur éthique professionnelle explicite.

Pour un certain nombre d'acteurs du monde de l'éducation, ce mouvement de professionnalisation doit logiquement aboutir à la création d'un ordre professionnel des enseignantes et des enseignants. Parmi les raisons évoquées en faveur de cet éventuel ordre professionnel, il faut remarquer les raisons éthiques. À cet égard, les parents apparaissent comme les grands demandeurs d'un ordre professionnel des enseignants afin de protéger leurs enfants contre d'éventuels manques à l'éthique professionnelle ou encore contre des manifestations d'incompétence de la part des enseignants (FCPPQ, 1999). La création d'un ordre professionnel qui est, par la loi, obligatoirement accompagné d'un *code de déontologie et d'un *comité de discipline pour le faire respecter est rassurante pour certaines personnes, dont les parents. Autrement dit, la création d'un ordre professionnel est souvent perçue comme une garantie d'éthique professionnelle assumée par les membres du corps enseignant et contrôlée par un organisme reconnu.

Que cet ordre soit effectivement mis en place ou non ne change rien au fait que la demande d'éthique qui vise les enseignantes et enseignants est une demande sociale à laquelle il faut qu'ils répondent en tant que professionnels. Nous verrons, dans le deuxième chapitre consacré aux définitions, la distinction entre éthique, éthique professionnelle et déontologie, qui est nécessaire pour comprendre les enjeux de ce débat social.

1.3.4. La compétence professionnelle relative à l'éthique

Le mouvement de professionnalisation de l'enseignement est inséparable de la réforme de l'éducation implantée graduellement par le MEQ à compter de la rentrée de 2000. Cette transformation majeure a pour objectif d'améliorer la qualité de l'apprentissage des élèves, envisagé comme le développement de compétences et la qualité de l'enseignement par le développement et la consolidation des compétences professionnelles du personnel enseignant. Dans le premier cas, les programmes d'enseignement du préscolaire, du primaire et du secondaire ont été modifiés et structurés selon une approche par compétences disciplinaires et transversales. Dans le second cas, la formation à l'enseignement a été revue et redéfinie afin de qualifier davantage les compétences professionnelles nécessaires à l'exercice de la profession.

Dans le référentiel des compétences du document ministériel (MEQ, 2001a) servant de guide à la formation du personnel enseignant, on trouve une compétence consacrée spécifiquement à l'éthique, la compétence 12 (voir l'Annexe 2). Son acquisition devrait permettre à chaque enseignante ou enseignant d'« agir de façon éthique et responsable dans l'exercice de ses fonctions ». Deux éléments importants sont à considérer dans cet énoncé général. Le premier est que la formation des maîtres doit les amener à agir d'une certaine façon : d'une façon éthique. L'éthique n'est alors pas seulement un domaine théorique : c'est une façon d'agir et de vivre. Le second, c'est que l'éthique est inséparable de la responsabilité. Toute une partie de l'éthique s'est, en effet, développée depuis quelques années autour de la notion de responsabilité. Ainsi, les enseignantes et enseignants sont incités à agir de façon responsable, c'est-à-dire à répondre de leurs actes, tout d'abord devant eux-mêmes, en leur âme et conscience, et ensuite devant autrui. Cette capacité de répondre de leurs actes est liée à l'autonomie dont jouissent les enseignantes et enseignants en tant que professionnels. Plus précisément, au tableau 2, nous retrouvons les recommandations du MEQ en ce qui a trait à la formation éthique du personnel enseignant.

Les éléments de cette liste dessinent les contours d'une éthique professionnelle de l'enseignement qui reste encore à définir et à préciser et qui relève d'approches éthiques assez diverses et même de domaines voisins de l'éthique comme l'éducation morale (élément n° 7) et l'éducation à la citoyenneté (élément n° 2). Bien que l'objectif général de la formation relève d'une éthique de la responsabilité, l'éthique de la discussion (élément n° 2) et l'éthique de la justice (élément n° 6) sont également utilisées pour le fonctionnement en classe. La capacité d'argumenter (élément n° 4), par contre, relève plutôt de l'éthique professionnelle ; elle est directement liée à l'autonomie accordée par la réforme au personnel enseignant.

Tableau 2
**Les composantes de la compétence éthique
du personnel enseignant selon le MEQ**

1. discerner les valeurs en jeu dans ses interventions ;
2. mettre en place dans sa classe un fonctionnement démocratique ;
3. fournir aux élèves l'attention et l'accompagnement appropriés ;
4. justifier, auprès des publics intéressés, ses décisions relativement à l'apprentissage et à l'éducation des élèves ;
5. respecter les aspects confidentiels de sa profession ;
6. éviter toute forme de discrimination à l'égard des élèves, des parents et des collègues ;
7. situer à travers les grands courants de pensée les problèmes moraux qui se déroulent dans sa classe ;
8. utiliser, de manière judicieuse, le cadre légal et réglementaire régissant sa profession.

Source : MEQ, 2001a, p. 131-134.

Les différentes composantes de cette compétence profession-nelle seront envisagées dans des chapitres subséquents. Ainsi, les valeurs de l'enseignante ou de l'enseignant et les conflits de valeurs qui peuvent survenir en classe seront analysés dans le neuvième chapitre consacré aux valeurs. Le septième chapitre ayant trait à la relation pédagogique envisagera, entre autres, le fonctionnement démocratique, le soutien aux élèves et les formes possibles de *dis-crimination. Le troisième chapitre, consacré aux éléments légaux, permettra d'examiner l'obligation de confidentialité qui est différente du secret professionnel et de tenir compte des lois et règlements dans l'exercice du *jugement professionnel ; le quatrième chapitre situera l'ensemble de ces sous-éléments dans le cadre plus général et plus complet de l'éthique professionnelle. Au-delà de la réponse à une obligation et à une demande sociale relative à l'éthique du personnel enseignant, il faut considérer que l'éthique fait partie de l'*identité professionnelle enseignante. C'est souvent pour des rai-sons éthiques comme l'amour des enfants, le désir de les aider, de s'impliquer pour changer la société que l'on choisit de devenir enseignante ou enseignant et c'est aussi par considération pour un certain idéal professionnel que le personnel enseignant se profes-sionnalise et développe ses compétences.

■ QUESTIONS DE COMPRÉHENSION ET DE RÉFLEXION

1. Qu'est-ce qui est recherché quand, à la suite d'un événement marquant ou un scandale, on demande davantage d'éthique?

2. Donnez un exemple d'utilisation irresponsable de la science ou de la technologie. Pourquoi considérez-vous que cet exemple pose problème?

3. Quels sont les instruments de régulation sociale identifiés dans ce premier chapitre? Vous référez-vous spontanément à l'un de ces instruments quand vous avez une décision à prendre? Lequel? Pourquoi?

4. Comme vous le constatez, des questions éthiques sont au cœur de plusieurs domaines de l'intervention humaine: bioéthique, éthique clinique, éthique de la recherche, éthique de l'environnement, éthique des médias. Dégagez quelques raisons communes à ces domaines qui expliquent pourquoi il est nécessaire qu'on s'intéresse dans ces cas à la dimension éthique.

5. Parmi les huit éléments mentionnés comme composantes de la compétence éthique du personnel enseignant au tableau 2, lequel vous semble le plus important? Pour quelles raisons?

6. Après cette première étape d'étude de l'éthique appliquée à l'enseignement, rédigez votre propre définition de l'éthique et conservez-la. Vous devrez vous y référer plus tard.

■ ATELIER

TRAVAIL EN ÉQUIPE : UN ÉVÉNEMENT QUI NOUS INTERPELLE SUR LE PLAN DE L'ÉTHIQUE

▶ **Première étape**

Relevez individuellement un fait d'actualité rapporté par les médias qui a soulevé en vous de l'indignation ou de la colère et devant lequel vous vous êtes dit : « C'est inacceptable, mal ou indigne de l'être humain. » Notez la nature de l'événement, les personnes impliquées et les conséquences de cet événement sur celles-ci.

▶ **Deuxième étape**

Faites un tour de table pour que chacun relate succinctement son événement. Écoutez sans juger la valeur des événements et sans comparer les sentiments de chacun.

▶ **Troisième étape**

Discutez pour déterminer ensemble, parmi les faits d'actualité rapportés, lequel vous jugez le plus important. Après l'avoir établi par un consensus, répondez aux deux questions suivantes : Qu'est-ce qui aurait été acceptable dans cette circonstance ? Au nom de quoi peut-on le justifier ?

▶ **Quatrième étape**

Retour en grand groupe : discussion sur les faits rapportés et les questions éthiques soulevées.

CHAPITRE

2

Les définitions essentielles

Après avoir lu ce chapitre et discuté de son contenu, vous devriez être en mesure de :

- Distinguer l'*éthique de la *morale ;

- Reconnaître la *déontologie comme précision de l'éthique et de la morale reliées à une profession ;

- Percevoir l'utilité et les limites des codes d'éthique et de déontologie ;

- Situer l'éthique professionnelle dans le cadre de l'éthique appliquée ;

- Percevoir le professionnalisme enseignant comme un idéal professionnel.

Après avoir constaté le développement de l'éthique dans la société et dans le milieu de l'éducation, il est important de préciser les termes déjà employés dans le premier chapitre, car ils sont essentiels pour définir l'éthique professionnelle enseignante. Cela est d'autant plus nécessaire que ces termes sont utilisés de diverses façons et revêtent des significations différentes selon les auteurs et les contextes. Les trois termes principaux sont ceux de morale, d'éthique et de déontologie.

2.1.   Les diverses régulations sociales

La morale, l'éthique et la déontologie sont trois des façons de définir les comportements bons, vertueux ou acceptables dans la société, que ceux-ci soient privés ou publics, individuels ou collectifs. On va dire que ce sont des modes de *régulation sociale. La morale, l'éthique et la déontologie partent toutes trois du principe selon lequel les comportements humains ne sont pas tous d'égale valeur, que certains d'entre eux ne sont pas acceptables et qu'il faut quelquefois contrôler les comportements et contraindre les personnes. C'est l'aspect pessimiste de la morale et de ses dérivés. Mais, elles postulent également que les humains peuvent s'entendre autour de certains principes et *valeurs guidant leurs conduites, pour le mieux-être de chacun et de tous. C'est l'aspect plus optimiste de ces régulations.

À ces trois formes de régulation sociale que sont la morale, l'éthique et la déontologie, il faut ajouter la religion qui est la forme la plus ancienne de contrôle des comportements sociaux. Ce qui distingue la religion de la morale, de l'éthique et de la déontologie, c'est le *référent, c'est-à-dire le principe au nom duquel ces régulations fonctionnent. Les principes religieux existent au nom de Dieu et ils se concrétisent dans des comportements ou des rites qu'il faut suivre si l'on est croyant. Ainsi, le chrétien suit les dix commandements et se réfère aux Évangiles pour déterminer sa conduite, le juif respecte les recommandations inscrites dans la Thora et le musulman obéit aux préceptes transmis par le Coran. Ces trois exemples ne concernent que les trois religions *monothéistes qui se réfèrent à des textes. D'autres religions comme les religions amérindiennes passent plutôt par la tradition orale transmise de génération en génération.

Certes, il existe des morales religieuses ou plus exactement des morales issues des religions comme la morale chrétienne qui a eu une grande influence au Québec. Ces morales prescrivent des comportements reliés à la croyance en Dieu. La morale, l'éthique et la déontologie, à la différence des religions, ne se reportent pas nécessairement à Dieu. Elles réfèrent aux êtres humains pour recommander certains comportements et en refuser d'autres : ce sont des régulations sociales *humanistes et *laïques. Il existe des éthiques laïques et des éthiques religieuses, des morales laïques et des morales religieuses.

Les régulations sociales ne peuvent avoir de l'effet dans la société que si des institutions et des personnes dont l'autorité morale est reconnue sont chargées de les élaborer et de les faire respecter. Les Églises et le clergé ont de l'autorité sur les fidèles ; les parents et les éducateurs ont de l'autorité sur les jeunes qui doivent leur obéir ; un ordre professionnel a l'autorité nécessaire pour faire respecter son *code de déontologie par ses propres membres. Cependant, le degré d'autorité et le degré d'obéissance attendus peuvent varier.

Nous allons présenter maintenant ces régulations sociales, en commençant chaque fois par leur aspect le plus théorique pour aller progressivement vers leur aspect le plus précis et le plus concret. À la fin du chapitre, le tableau 5 servira à récapituler ces divers éléments.

2.2.   La morale

Le terme de morale vient du mot latin *mores* qui désigne les mœurs ou façons de vivre dans un groupe. Ce terme est employé dès l'Antiquité pour désigner une partie de la philosophie consacrée à la recherche du bien et de la vie bonne que l'on appelle la philosophie morale. Cette approche théorique de la morale se fonde sur une conception de la nature humaine, de la raison, de la vérité. Elle cherche à définir des principes permettant une vie bonne, par exemple, en décrivant les différentes *vertus telles le courage ou la générosité. Elle étudie aussi la notion de devoir et de responsabilité. Au nom d'un idéal moral, la philosophie morale définit des principes et elle fait appel à la conscience morale de chaque personne et à son sens du devoir.

Quand la morale devient plus précise encore, elle indique les comportements acceptables et inacceptables dans des codes moraux. C'est le sens courant du terme morale, celui des règles et des *normes de comportements. Ce qui est visé, c'est l'obéissance au code, mais toujours au nom d'un idéal élevé. C'est alors que la morale devient un outil disciplinaire : d'une part, elle précise les fautes à ne pas commettre et, d'autre part, les conséquences reliées aux fautes commises. Par exemple, toutes les morales condamnent le meurtre, le vol et le viol. Cependant, la morale peut être plus ou moins stricte. Elle peut se limiter à recommander des comportements et faire appel à la bonne volonté des personnes pour les suivre ; dans ce cas, elle est seulement *incitative. Elle peut aussi imposer des comportements précis et punir sévèrement les personnes qui ne suivent pas ses *préceptes ; on parlera alors d'une morale répressive et autoritaire. Les châtiments corporels sont un exemple de punitions liées à une faute dans le cadre d'une morale répressive.

Il faut faire attention à ne pas confondre la morale avec son aspect le plus étroit et le plus contraignant. La morale ne vise pas simplement une obéissance mécanique à des règles ou à des codes. Quand une personne obéit à des règles morales sans les comprendre, elle est victime d'endoctrinement. Quand elle obéit par peur des représailles, elle est dressée plutôt qu'éduquée moralement. La philosophie morale insiste sur la capacité des personnes de développer leur conscience morale, de comprendre la nécessité des normes morales pour les respecter. La philosophie morale insiste aussi sur la liberté des personnes de suivre ou de ne pas suivre les codes moraux, sur leur jugement personnel, sur la volonté qui permet d'agir, sur la responsabilité de chaque personne.

C'est justement au nom de la liberté individuelle que la morale est parfois contestée, tout particulièrement quand elle se transforme en *moralisme, c'est-à-dire en un catalogue de comportements permis et défendus avec punitions assorties. Le moralisme, c'est une morale qui juge, culpabilise et condamne sévèrement les personnes dont les comportements semblent immoraux ou contraires à la morale. Il n'admet pas de circonstances atténuantes ni la possibilité d'interprétation du code moral. Cette attitude est illustrée par l'expression « faire la morale » qui signifie juger une personne sur des critères moraux, l'accuser et la condamner. Traiter un élève qui a de mauvais résultats scolaires de paresseux, sans égard à ses capacités ou à ses efforts réels, est un exemple de jugement moralisateur qui était assez courant dans les écoles d'autrefois.

Dans la société actuelle, la morale a mauvaise réputation, en grande partie à cause de sa sévérité et du moralisme avec lequel elle a été souvent confondue. On la considère à ce moment comme un contrôle excessif et répressif des comportements, qui semble incompatible avec une société où priment les droits individuels. L'autorité morale est alors contestée et la notion de devoir moral est remise en cause ; on assiste à ce que le sociologue Lipovetsky (1992) a appelé le « crépuscule du devoir ». C'est pour cette raison que la morale n'est plus un référent collectif systématique et qu'elle est progressivement remplacée par l'éthique. Certains groupes sociaux traditionnels continuent quand même à s'appuyer sur des codes stricts et sur des principes moraux qu'ils considèrent comme immuables, la plupart du temps, au nom d'une religion. Cette remarque montre qu'il n'y a pas d'unanimité dans la société actuelle en ce qui concerne la morale ; le *pluralisme des sociétés démocratiques s'exprime aussi dans la cohabitation de morales multiples.

2.3. L'éthique

Le terme éthique vient du mot grec *ethos* qui désigne les mœurs d'un groupe ou d'une culture. Les deux termes, éthique et morale, possédaient à l'origine la même signification, c'est ce qui explique qu'ils soient souvent employés l'un pour l'autre. Ils se sont progressivement différenciés cependant. Le terme éthique a été réservé à la philosophie et à la théorie de l'action morale, alors que le terme morale a fini par désigner presque exclusivement des comportements et des codes de comportements.

À son niveau le plus théorique, l'éthique fondamentale, que les Nord-Américains appellent aussi la métaéthique, relève de la philosophie et se préoccupe des principes et des concepts liés à ce champ de connaissances comme ceux de responsabilité, de justice, de communication ou de sollicitude. À partir de ces concepts et de principes organisés en théories éthiques, les philosophes déduisent des recommandations pour juger et agir. La démarche est donc essentiellement théorique et vise à déterminer les bases ou les fondements de l'action. Chacun peut ainsi s'inspirer des principes de l'éthique fondamentale pour les mettre en œuvre dans son domaine, pour résoudre ses problèmes. L'éthique fondamentale ne propose pas de solutions pratiques ; elle aide à réfléchir aux actions humaines en posant des questions sur leur signification (pourquoi agir de telle façon ?), leurs finalités (dans quel but à long terme ?), leurs répercussions sur soi et sur autrui. Elle incite chaque personne à trouver sa réponse en réfléchissant, en étant créative et responsable. On dit souvent que l'éthique vise un certain art de vivre. Ces remarques montrent que l'éthique peut être autant une réflexion sur l'action qu'une préparation à l'action ou une action.

Tout comme la morale, l'éthique est bâtie sur un ensemble de valeurs qui correspondent à une conception particulière de la personne. Des philosophes comme Paul Ricœur (1988) considèrent que l'éthique précède la morale et fonde théoriquement la morale pratique. L'élément essentiel de l'éthique, comme de la morale, c'est la valeur de la personne. Il s'agit, grâce à l'éthique, de protéger son humanité, de défendre toute atteinte à sa dignité ou à son intégrité. Les enseignants sont particulièrement concernés par cette notion de valeur de la personne parce que leur rôle est essentiellement de favoriser le développement des jeunes, de les former. Ils ont un grand pouvoir et des responsabilités importantes par rapport aux élèves qui leur sont confiés. En réfléchissant à leur rôle pédagogique et social, ils peuvent préciser comment cette valeur peut orienter leur pratique quotidienne. La conscience éthique se développe d'ailleurs en favorisant la réflexion, le questionnement à propos des conséquences sur les personnes de toute décision et de toute intervention. Comme la morale, l'éthique vise des comportements humains responsables ; une tendance actuelle de l'éthique se nomme d'ailleurs éthique de la responsabilité (Jonas, 1990).

À un niveau plus concret, on trouve l'éthique appliquée, terme apparu aux États-Unis au cours des années 1960 avec l'exploration de nouveaux champs d'interrogation éthique. Ce questionnement éthique a émergé des changements sociaux qui touchent la vie privée et la vie publique de même que ceux occasionnés, comme on l'a vu au premier chapitre, par les développements de la science et des technologies. Ainsi, l'éthique appliquée s'intéresse aux situations vécues sur le terrain et à la prise de décision en vue de résoudre des problèmes concrets dans des contextes spécifiques. L'accent est mis sur la prise de conscience de la situation qui pose problème, sur son contexte, sur l'analyse des conséquences et sur la prise de décision.

Dans de nombreux milieux, les *éthiciens agissent comme des consultants dont le rôle est d'aider les praticiens à trouver les meilleures solutions, dans les circonstances, à leurs problèmes éthiques. Le travail en partenariat avec les milieux professionnels ou les organismes sociaux s'avère donc essentiel en éthique appliquée. Évidemment, l'éthique appliquée tient compte de la réflexion et des recherches effectuées en éthique fondamentale, mais elle ne s'y limite pas. Elle est centrée sur les décisions à prendre dans l'action. Elle vise la prise de décision éclairée, c'est-à-dire consciente des répercussions des actions sur autrui, dans le présent et dans l'avenir.

À la différence de la morale pratique, l'éthique est seulement incitative : elle propose des valeurs pour guider les actions. Autrement dit, l'éthique ne donne pas de solution toute faite à des problèmes moraux ou sociaux, mais elle nous aide à les comprendre dans leur complexité, à prendre des décisions et à trouver des réponses. Il existe ainsi une part d'incertitude dans l'éthique, qui peut rebuter certaines personnes ou, au contraire, en inciter d'autres à chercher des solutions nouvelles aux problèmes de notre temps. L'éthique ne prétend pas déterminer la solution à tout problème, mais elle vise plus modestement à répondre à la question suivante : Quelle est la meilleure décision, celle qui respecterait au mieux les personnes dans les circonstances ?

À un niveau encore plus pratique et réglementaire, l'éthique peut se concrétiser dans des codes d'éthique. Cette expression peut sembler un peu contradictoire, car l'éthique s'accommode mal d'une classification fixe contenue dans un code, ce qui relève plutôt de la morale traditionnelle. En effet, si l'éthique fonctionne à partir de principes généraux, elle est toujours particulière comme on l'a vu dans le cas de la bioéthique, de l'éthique clinique, de l'éthique de la recherche, de l'éthique des communications, de l'éthique professionnelle ou de l'éthique des affaires. Cependant, afin de réduire l'angoisse devant certaines décisions à prendre et pour donner des outils aux décideurs, des codes d'éthique sont élaborés pour fixer une éthique *explicite, acceptée par les membres du groupe auquel elle s'adresse.

Par exemple, le ministère de la Santé et des Services sociaux a imposé par une loi en 1991, à tous les établissements de santé, la création de codes et de comités d'éthique pour protéger les patients ou les clients car, lorsqu'ils se retrouvent dans ces établissements, ils sont dans des situations de dépendance ou de vulnérabilité. Ces codes comprennent généralement les éléments suivants : la vocation ou la mission de l'établissement, les droits et responsabilités des usagers, les recours possibles de ceux-ci en cas d'insatisfaction et les pratiques attendues des intervenants. Il s'agit là d'une aide à la réflexion éthique et à la prise de décision responsable par les membres du groupe de même qu'une clarification pour tous des balises institutionnelles.

Cependant, la présence d'un code d'éthique n'est pas une garantie absolue de progrès éthique. Un code peut n'être rédigé que pour suivre la loi ou la mode, pour montrer un souci des questions éthiques, mais sans être jamais vraiment utilisé. Il peut devenir un instrument de marketing pour faire vendre un produit ou un service et n'avoir que l'utilité d'une image publicitaire. Ainsi, les codes d'éthique ne sont pertinents que s'ils permettent la discussion, la réflexion, le partage de valeurs communes et de responsabilités lors de situations difficiles. L'éthique n'est pas seulement une affaire de spécialistes : c'est l'affaire de tous les membres d'un groupe.

2.4.   L'éthique professionnelle

Nous venons de voir que l'éthique peut être plus ou moins théorique et que l'éthique appliquée est en plein essor depuis une quarantaine d'années et encore plus particulièrement depuis 20 ans. L'éthique appliquée est une approche de l'éthique centrée sur la prise de décision éclairée par des personnes, dans des situations concrètes où les solutions habituelles sont inefficaces ou inexistantes. La méthode qui caractérise l'éthique appliquée est le travail en équipe, la discussion et la réflexion sur le sens des interventions et les valeurs à privilégier dans l'intervention. On appelle cette méthode la *délibération éthique (Legault, 1999).

L'éthique professionnelle, comme l'éthique appliquée, s'est développée pour aider les professionnels à assumer leurs *responsabilités professionnelles de la façon la plus respectueuse des personnes et la plus proche des valeurs de leur profession. Bien qu'on entende peut-être plus souvent parler de l'éthique professionnelle médicale, tous les professionnels sont concernés par l'éthique quand ils ont des choix d'interventions à faire qui touchent des personnes. Les enseignantes et enseignants sont concernés par les questions éthiques parce qu'ils sont des professionnels et qu'à ce titre ils ont des décisions à prendre. Leurs décisions entraînent des conséquences sur d'autres personnes, essentiellement les élèves.

Dans son texte sur l'éthique enseignante, le Comité d'orientation de la formation du personnel enseignant (2004) a décidé de ne pas recommander la création d'un code d'éthique pour l'enseignement. Il a choisi plutôt d'appuyer les visées et les principes éthiques déjà énoncés par le ministère de l'Éducation (2001a) dans son référentiel pour guider la formation initiale et continue du personnel enseignant en ce qui concerne l'éthique professionnelle. Ceux-ci, comme on l'a vu plus tôt, sont pris en considération tout au long de ce livre.

En somme, qu'on parle d'éthique fondamentale, d'éthique appliquée ou d'éthique professionnelle, l'éthique est toujours vue comme une forme de régulation sociale et elle prend le relais de la morale. Elle propose des valeurs et incite à des comportements respectueux des personnes. Elle correspond aux besoins des sociétés pluralistes et démocratiques centrées sur les droits individuels. L'éthique n'insiste pas sur le contrôle et la punition, elle est plus incitative que répressive. Elle vise le développement et la mise en œuvre du jugement afin de prendre des décisions et de passer à l'action. L'éthique moderne n'est pas un retour de la morale traditionnelle, c'est une autre approche de la gestion des comportements humains plus adaptée aux sociétés d'aujourd'hui.

2.5.   La déontologie

La déontologie est constituée, selon McDonald et Parizeau (1988), par l'ensemble des normes indiquant les comportements ou attitudes que les professionnels doivent observer dans leur pratique. C'est une forme particulière de régulation sociale propre à une profession ou à un métier. La déontologie professionnelle constitue une réponse au besoin de clarifier une éthique commune et de s'en servir pour guider les interventions d'un groupe social.

À son niveau le plus théorique, la déontologie est un aspect de l'éthique professionnelle. Elle propose un idéal de pratique, une sorte de code d'honneur de la profession. Le respect de ce code d'honneur est censé amener une certaine reconnaissance de l'activité en question. On considère généralement la présence d'une déontologie explicite comme une garantie de sérieux amenant une sorte de respectabilité au groupe qui s'en prévaut. Plus une déontologie est explicite et publique, plus elle améliore l'image du métier ou de la profession à laquelle elle est liée. C'est pourquoi certains enseignants et enseignantes désirent se doter de principes ou même de codes de déontologie de l'enseignement.

À un niveau plus pratique, la déontologie définit les principes moraux qui guident l'activité professionnelle et un certain nombre de normes qui précisent des actions acceptables ou inacceptables par les membres du groupe. Elle établit les devoirs et responsabilités des membres du groupe dans l'exercice de leurs fonctions. Prenons un cas bien connu, celui des médecins. La déontologie médicale est nécessaire à cause du pouvoir de vie ou de mort sur les malades, qui est celui des médecins. Elle est un instrument de régulation de ce pouvoir et un

outil de protection du malade. Depuis l'Antiquité, les nouveaux médecins prononcent le Serment d'Hippocrate (voir l'Annexe 3) qui marque
leur entrée officielle dans la profession. Ce serment a une telle valeur
symbolique qu'il a inspiré toutes les autres professions et de nombreux groupes sociaux dans la rédaction de leur code. Pour comprendre
l'importance de ce serment, le tableau 3 permet d'en repérer les éléments essentiels qui sont encore pertinents dans la société actuelle.

Tableau 3
**L'exemple du Serment d'Hippocrate
comme fondement de l'agir professionnel**

Le Serment d'Hippocrate est un engagement personnel à suivre une éthique partagée par tous
les médecins, jeunes et anciens ;

Le serment est prononcé devant les dieux et devant l'assemblée des pairs. C'est un acte public
et solennel ;

Le serment définit le rôle du médecin dans la Cité : le médecin procure soins et assistance aux
malades. Par contre, il ne peut effectuer l'opération de la taille (ablation de pierres sur les reins),
car cette intervention est réservée aux chirurgiens ;

Le serment précise les actions interdites aux médecins comme l'utilisation de poisons ou de
« pessaire » (contraceptif ou abortif), le fait d'avoir des relations sexuelles avec les malades ou
les personnes de leur entourage, la divulgation d'informations ou de secrets qui leur sont confiés ;

Le respect de ce code entraîne la respectabilité et la reconnaissance des pairs alors que le fait de
ne pas le respecter entraîne la honte et le déshonneur pour la personne et pour tous les membres
de la profession ;

Ce code définit à la fois l'identité professionnelle médicale, les devoirs et les responsabilités liés
à cette fonction sociale. Par le rite de passage qu'est le Serment d'Hippocrate, le médecin fait
son entrée dans une profession et dans un groupe social dont il s'engage à partager l'éthique
professionnelle.

À un niveau plus pratique encore, la déontologie est inscrite
dans un code de déontologie qui précise les actes permis et les actes
répréhensibles parce que contraires à l'éthique du métier ou de la
profession. Tout groupe social ou professionnel qui en ressent le besoin
peut se doter d'un code de déontologie. Ainsi, l'Association des orthopédagogues du Québec a élaboré un code de déontologie qui a été
adopté en assemblée générale en 1999, bien que les orthopédagogues
ne fassent pas partie d'un ordre professionnel. La situation est différente
quand un groupe est reconnu légalement comme une profession par
l'Office des professions du Québec : il a alors l'obligation légale de se
doter d'un code de déontologie. Le tableau 4 dégage les composantes
obligatoires de tout code de déontologie d'une profession reconnue.

Tableau 4
Les composantes obligatoires d'un code de déontologie

> • la définition du professionnel, de son client et du groupe auquel il appartient ;
> • les devoirs et obligations du professionnel envers le public ;
> • les devoirs et obligations du professionnel envers le client ;
> • les devoirs et obligations du professionnel envers la profession.

À son niveau le plus concret, la déontologie est un instrument de contrôle des comportements professionnels. Chaque ordre professionnel doit mettre en place des mécanismes de gestion du code de déontologie. Par exemple, le *comité de discipline est responsable du traitement des plaintes qui pourraient être déposées contre un membre. Ce comité de discipline fonctionne selon le modèle juridique : il reçoit des plaintes, examine les preuves, évalue leur pertinence et prononce un verdict. Dans un cas de culpabilité, le comité de discipline attribue des sanctions graduées selon l'importance de la faute commise par le professionnel : avertissement, amende, obligation de formation supplémentaire ou d'accompagnement dans l'exercice de certaines fonctions, suspension temporaire du droit de pratique ou *radiation.

Un code de déontologie a certainement un rôle répressif qui peut faire peur et être perçu comme un contrôle professionnel exigeant. Pourtant, la portée des codes de déontologie est plus limitée qu'il n'y paraît de prime abord. Ces derniers ne sont efficaces que pour empêcher l'incompétence ou de graves manques d'éthique professionnelle, mais ils s'avèrent peu utiles pour inspirer une éthique des petits événements quotidiens de la vie professionnelle. Bien que les codes de déontologie puissent être dissuasifs, dans la mesure où ils précisent les comportements inacceptables pour les membres d'une profession, ils peuvent aussi avoir un rôle éducatif lorsqu'ils permettent d'établir les valeurs du groupe et de définir son identité professionnelle.

En fait, un code de déontologie est un mécanisme de contrôle interne. Il est rédigé par et pour un groupe professionnel. Chacun des membres du groupe concerné est censé connaître son code et s'engager à le respecter et à le faire respecter. C'est un texte qui vise la responsabilité professionnelle collective.

Le tableau 5 permet d'avoir une vue globale des nuances dans les définitions et les propos sur les régulations sociales tenus dans les deux premiers chapitres du livre.

Tableau 5
Les régulations sociales et leurs composantes

Niveaux	Morale	Religion	Éthique	Déontologie
Théorique	Philosophie morale	Théologie	Éthique fondamentale ou métaéthique	Morale/Éthique professionnelle
	Le Bien et le Mal	Foi en Dieu	Dignité des personnes	Respect de la profession
	Idéal de vie selon le Bien	Idéal de vie selon la foi	Idéal de vie selon les valeurs	Idéal de pratique
	Principes moraux	Principes religieux	Principes éthiques	Professionna-lisme
	Conscience morale	Conscience religieuse	Conscience éthique	Conscience professionnelle
Pratique	Vertus morales	Vertus des croyants	**Éthique appliquée**	Normes de pratique
	Devoirs et responsabilités	Devoirs et responsabilités	Valeurs en actes	Devoirs et responsabilités
Réglementaire	Lois morales	Lois religieuses	Comités d'éthique	Comités de déontologie, Comités de discipline
	Codes moraux	Coutumes et rites	Codes d'éthique	Codes de déontologie
Disciplinaire	Fautes	Péchés	Manquements à l'éthique	Fautes professionnelles
	Punitions	Châtiments	Recommanda-tions	Sanctions

Quand on considère les diverses régulations sociales qui pourraient encadrer la pratique enseignante, force est de constater qu'elles sont le plus souvent perçues comme des règlements et des moyens de contrôle assortis de sanctions. C'est ne voir que l'aspect le plus sévère et le plus étroit de ces réalités. Il faut se souvenir que les régulations sociales ont pour but de promouvoir un certain idéal de vie personnelle et de vie sociale et que les règlements ne sont que des moyens assortis de contraintes. Ainsi, l'éthique professionnelle comporte des instruments de contrôle comme les codes de déontologie, mais elle vise surtout un idéal professionnel de compétence et de responsabilité. Dans le cadre de l'enseignement, comme des autres professions, elle vise le développement du *professionnalisme.

Nous avons vu au premier chapitre que la société attend des décideurs et des professionnels qu'ils fassent preuve d'une certaine éthique dans l'exercice de leurs fonctions. Nous venons de voir maintenant comment l'éthique s'est développée en se différenciant de la morale et de la religion et comment la déontologie est un aspect pratique et réglementaire de l'éthique professionnelle. Nous verrons au quatrième chapitre comment le domaine de l'éthique professionnelle s'applique à la profession enseignante et comment son analyse permet de préciser les éléments d'une éthique professionnelle spécifique aux enseignants. Mais avant cela, au troisième chapitre, nous examinerons l'encadrement légal et réglementaire de la profession enseignante.

■ QUESTIONS DE COMPRÉHENSION ET DE RÉFLEXION

1. Au nom de quoi les enseignants catholiques ont-ils élaboré leur Code d'éthique des années 1960 qui se trouve à l'Annexe 1? Quel est leur référent? Explicitez les arguments qui vous permettent d'arriver à cette conclusion.

2 Qu'est-ce qui différencie la morale de l'éthique? Qu'est-ce qui est commun à ces deux domaines?

3. Qui aurait actuellement l'autorité morale pour déterminer les devoirs et les responsabilités du personnel enseignant? Pourquoi?

4. À votre avis, quels pourraient être les devoirs et les responsabilités morales de l'enseignante ou de l'enseignant?

   Après avoir répondu à cette question, comparez votre réponse à l'article 22 de la *Loi sur l'instruction publique* qui présente une réponse légale à cette question à la section 3.3 du troisième chapitre. Quels sont les points communs entre votre perception spontanée et les devoirs et responsabilités du personnel enseignant inscrits dans la loi?

5. Retournez à la définition de l'éthique que vous avez donnée à la fin du premier chapitre. Après ce chapitre sur l'éthique, quels éléments pourriez-vous ajouter ou enlever?

■ ATELIERS

ATELIER 1.
TRAVAIL EN ÉQUIPE : L'ÉTHIQUE PROFESSIONNELLE EN MILIEU SCOLAIRE

Une des façons de comprendre une notion nouvelle est de partir de son contraire. On appelle cette démarche une définition *a contrario*. Dans le cadre d'un colloque sur les stages où une réflexion sur l'éthique professionnelle enseignante avec des stagiaires avait lieu pour la première fois, nous avons demandé aux participantes et participants d'identifier des comportements rencontrés pendant leurs stages qui ne leur semblaient pas éthiques (Desaulniers, 2002b). Ils ont proposé les comportements qui suivent. Discutez-les ensemble.

Pourquoi ces différentes façons d'agir traduisent-elles un manque d'éthique professionnelle ? Quel est le manque d'éthique qui vous semble le plus grave ? Pour chacune de ces situations, mentionnez quel idéal éthique serait souhaitable ou à valoriser.

Quelques manques d'éthique rencontrés lors des stages
(Desaulniers, 2002b)

1.1. Incompétence ou tâche non assumée

Dans cette catégorie se trouvent des situations où les personnes ne jouent pas leur rôle professionnel attendu, que ce soit en raison d'incapacités personnelles ou en raison d'une implication insuffisante. Les personnes qui devraient recevoir les services professionnels requis sont donc lésées dans cette situation où elles ne reçoivent pas leur dû.

1.2. Laxisme ou tâche mollement assumée

Ici se retrouve une forme nuancée de la situation précédente. Le rôle professionnel est assuré minimalement, de façon à rencontrer sa description la plus restreinte. Une lecture purement technique d'une loi ou d'un règlement peut parfois s'accommoder de cette situation, mais pas une réflexion éthique sur les responsabilités liées à l'éducation.

1.3. Indiscrétion ou communication indue à un tiers d'une information privilégiée

La communication, le plus souvent orale, de renseignements personnels ou professionnels indus relatifs à une personne entre dans cette catégorie. Il faut cependant exclure les renseignements nécessaires pour effectuer une tâche d'évaluation, par exemple. Cette information privilégiée influence le jugement que l'on portera ensuite sur cette personne ; il peut lui nuire ou l'avantager injustement par rapport à d'autres personnes.

1.4. Diffamation ou communication d'une information fausse altérant la réputation d'une personne

Si la communication d'une information peut parfois être justifiée, l'utilisation du mensonge ne peut jamais l'être, d'autant plus que ce dernier est rarement employé pour mettre en valeur une personne. La diffamation atteint non seulement une personne ciblée, mais encore la réputation de ses collègues et de toute sa profession. Pour cette raison d'atteinte à la réputation, une telle indélicatesse est fortement pénalisée dans les codes de déontologie.

1.5. Malhonnêteté ou appropriation de documents appartenant à autrui ou attribution à soi-même d'un travail effectué par autrui

Ces deux cas représentent des atteintes à la propriété intellectuelle. Ils ne sont possibles que dans des milieux où le transfert des connaissances fait partie intégrante de la tâche professionnelle, ce qui est le cas de la recherche et de l'enseignement. À la suite de ces situations, une personne risque d'être surévaluée et de se trouver qualifiée pour une tâche qu'elle est incapable d'accomplir, ce qui la ramène à la première situation liée à l'incompétence.

1.6. Demande excessive à une personne subalterne

Une telle demande doit aller au-delà de ce qui est exigé pour accomplir sa tâche professionnelle. Elle constitue un abus de pouvoir de la part d'une personne en position de supériorité hiérarchique. Notons que cette demande peut prendre diverses formes : travail supplémentaire hors de proportion avec les exigences de l'évaluation, horaires prolongés, services personnels, aide à d'autres personnes, obligation d'effectuer des tâches qui sont hors de sa compétence.

1.7. Manque de respect d'une fonction, d'une personne, d'une institution

Ce manque de respect peut être personnel ou institutionnel. Il manifeste un refus de reconnaître la compétence d'une personne, mais surtout le pouvoir que cette personne détient par sa fonction au sein d'une institution comme l'école ou l'université. C'est une forme de mépris qui empêche toute relation de confiance et paralyse toute intervention éducative.

1.8. Violence ou dureté excessive d'une sanction

Ce dernier cas concerne exclusivement les élèves. Pourtant, il pourrait théoriquement s'appliquer à toute personne en autorité, autorisée à évaluer des compétences ou des comportements. L'intensité justifiée d'une sanction est difficile à évaluer. Cependant, certains critères reconnus en éducation permettent de porter un jugement sur la nécessité et la sévérité d'une sanction : relation significative avec la faute ou l'erreur, adaptation à l'âge et à la maturité des personnes, adaptation à la gravité de la faute, application équitable à tous, communication préalable des consignes et des conséquences de non-observation, présence d'avertissement et absence de violence physique.

ATELIER 2.
UN PROJET DE CODE DE DÉONTOLOGIE POUR LES ENSEIGNANTES ET ENSEIGNANTS

▶ *Première étape*

Répondre individuellement à la question suivante : En vous référant à ce que doit comprendre la première partie de tout code de déontologie, indiquez qui est le client et qui est le public des enseignantes et enseignants. Justifiez votre réponse.

▶ *Deuxième étape*

Mettre en commun les réponses individuelles et établir un consensus de classe à ce sujet.

▶ *Troisième étape*

• Après le consensus de classe, répartir les étudiantes et étudiants en groupes de travail qui aborderont trois thématiques différentes où ils auront une partie du code à travailler et à rédiger.

- Dans le premier sous-groupe, rédiger la liste des devoirs et obligations du personnel enseignant envers le public ;
- Dans le deuxième sous-groupe, rédiger la liste des devoirs et obligations du personnel enseignant envers le client ;
- Dans le troisième sous-groupe, rédiger la liste des devoirs et obligations du personnel enseignant envers la profession.

▶ *Quatrième étape*

Mettre en commun les réponses des différents groupes de travail de façon à constituer un projet de code de déontologie pour les enseignantes et enseignants.

▶ *Cinquième étape*

Après avoir rédigé le projet de code de déontologie, faire un retour collectif sur le texte.

ATELIER 3.
TRAVAIL EN ÉQUIPE : LE SERMENT PROFESSIONNEL

Sachant que le Serment d'Hippocrate tire son nom du premier médecin grec et que Socrate est considéré comme le modèle des philosophes et des pédagogues, que penseriez-vous d'un Serment de Socrate pour les nouveaux membres du personnel enseignant ?

▶ *Première étape*

Former des équipes de travail pour sa rédaction. Pensez aux éléments que pourrait comprendre ce code et élaborez-le en conséquence.

▶ *Deuxième étape*

Retour en grand groupe sur les différentes versions proposées du Serment de Socrate.

CHAPITRE

3

L'encadrement légal et réglementaire de la profession enseignante

Intentions pédagogiques

Après avoir lu ce chapitre et discuté de son contenu, vous devriez être en mesure de :

- Comprendre le caractère obligatoire des lois et des règlements liés à la profession enseignante ;

- Connaître les lois ou parties de lois qui concernent les enseignantes et enseignants comme citoyens et comme professionnels ;

- Préciser le rôle d'encadrement d'un ordre professionnel ;

- Dégager les composantes éthiques des diverses réglementations de la profession ;

- Développer votre *jugement professionnel dans la prise en compte de ces lois et règlements.

Dans ce chapitre, nous allons examiner les relations entre l'*éthique et le droit, de façon à mieux comprendre la nature et la fonction de l'éthique professionnelle. L'éthique et le droit sont souvent confondus, en partie à cause de l'importance des décisions juridiques dans les conflits sociaux, en partie à cause du fonctionnement *légal et du rôle répressif des *codes de déontologie.

Dans le deuxième chapitre, nous avons présenté brièvement diverses formes de *régulations sociales comme la *morale, la religion, l'éthique et la *déontologie, qui répondent toutes à la question : que devons-nous faire ? Le droit est une autre forme de régulation sociale qui s'ajoute à celles-ci. Toutes ces formes coexistent dans la société actuelle. Devant une situation problématique, une personne ou un groupe peut se référer à la religion, à la morale, à l'éthique, à la déontologie ou bien encore aux lois existantes, c'est-à-dire au domaine du droit. Quand le droit est consulté pour résoudre un problème, il indique ce qu'une personne ou un groupe doit faire, a le droit de faire ou ne peut pas faire, contrairement à la morale qui indique ce que l'on doit faire.

À son niveau le plus abstrait, le droit exprime le sens de la loi élaborée au nom d'un idéal de justice et d'égalité pour tous les citoyens, y compris les enfants. À un niveau un peu plus concret, le droit comprend l'ensemble des lois qu'une société se donne pour fonctionner ; ces lois peuvent être inscrites dans des codes ou des chartes. À un niveau encore plus concret, le droit comprend des règlements et des procédures visant à appliquer les lois et à les faire respecter. Le dernier niveau est nettement réglementaire et comporte des sanctions pour les personnes ou les groupes qui ne respectent pas les lois. La fonction de contrôle du droit n'est donc pas la seule, même si c'est la mieux connue. Le tableau 6 présente ces différents niveaux du droit, selon la même logique que les niveaux des autres régulations sociales abordées dans le deuxième chapitre.

Tableau 6
Les niveaux du droit

Niveaux	Contenu	Formes du droit
Niveau idéal	Les principes et valeurs	La justice et l'égalité de tous devant les lois
Niveau théorique	Les textes généraux	Les lois, les codes, les chartes
Niveau réglementaire	Les textes permettant l'application des lois	Les règlements et les procédures
Niveau disciplinaire	Les modes de sanction en cas de non-respect des lois	Les infractions et les pénalités

3.1.   Le personnel enseignant et les lois

Les enseignantes et enseignants sont soumis aux mêmes lois que les autres citoyens, mais en plus ils sont concernés par quelques lois ou parties de lois qui leur sont spécifiques. Pour prendre une décision éclairée, il leur faut tenir compte des lois et des règlements de la société dans laquelle ils vivent tout autant que des lois ou règles qui sont spécifiques à leur travail. Ces divers encadrements constituent des limites aux libertés individuelles, mais ils peuvent aussi être considérés comme des balises et des supports à la prise de décision dans des situations difficiles.

Ce qui caractérise le droit et les règlements que nous allons analyser, c'est leur caractère obligatoire. Il est un principe fondamental en droit : « Nul n'est censé ignorer la loi », et cela est vrai pour le personnel enseignant comme pour tous les autres membres de la société. Nul ne peut, non plus, se soustraire aux lois, règles et codes du groupe social auquel il appartient, ni échapper aux limites imposées par la vie en société.

Dans la société québécoise où les droits de la personne sont développés et où l'autonomie est considérée comme une *valeur sociale fondamentale, il peut paraître incongru de rappeler que des encadrements légaux et réglementaires sont présents et même incontournables. Les individus comme les groupes sociaux sont soumis à des lois et des règles qui orientent, encadrent et limitent leurs interventions. Les enseignantes et enseignants sont concernés par le droit à divers titres. En tant que citoyens comme les autres, les enseignants sont tenus de respecter les lois de leur province et de leur pays. Mais en tant qu'enseignants, ils doivent en plus tenir compte de lois et de règlements qui leur sont spécialement destinés dans le cadre de leur emploi et aussi permettre aux jeunes de comprendre la notion même de loi ou d'obligation sociale.

3.1.1.   Des lois pour tous, y compris les enseignantes et enseignants

Étant donné la structure politique particulière du Canada, il faut considérer les lois au niveau fédéral et au niveau provincial.

Au niveau fédéral, les éléments primordiaux pour le personnel enseignant sont contenus dans la *Charte canadienne des droits et libertés*, qui est une loi constitutionnelle. Celle-ci encadre l'interprétation des lois fédérales et régit les agissements de l'autorité fédérale en ce qui a trait aux droits fondamentaux dans notre société : la liberté de religion, d'expression, le droit à l'égalité sans égard à la race, au sexe, aux déficiences mentales ou physiques, etc.

Toujours sur le plan fédéral, on ne peut passer sous silence le *Code criminel*, qui identifie et pénalise les comportements considérés comme les plus répréhensibles par la société : l'homicide, le vol et la fraude, les voies de fait et autres agissements que l'on ne saurait tolérer. Il existe évidemment des milliers de lois et de règlements fédéraux régissant toutes sortes d'activités, mais le *Code criminel* demeure sans doute le texte de loi le plus marquant en raison du caractère frappant et sensationnel des actes qu'il punit de même que de la gravité de ces actes.

Au niveau provincial, on compte également des milliers de lois et de règlements. Ici aussi, la *Charte des droits et libertés de la personne* revêt une importance primordiale, puisqu'elle protège la liberté individuelle et empêche toute discrimination pour des motifs de sexe, de race, d'âge, etc. Toutefois, à la différence de la *Charte* canadienne, la *Charte* québécoise régit les rapports entre les individus. Par exemple, si un commerçant refuse de conclure un contrat avec une personne en raison de son orientation sexuelle, la *Charte* fédérale n'est d'aucune incidence, c'est vers la *Charte* québécoise qu'il faut se tourner.

3.1.2. Les attentes de la société envers le personnel enseignant

L'école est un lieu de droit et non un milieu hors-la-loi. À l'intérieur de l'institution sociale qu'est l'école, toutes les lois s'appliquent et les adultes, comme les jeunes, doivent les respecter. Le personnel enseignant est donc tenu de respecter les lois, qu'elles soient provinciales ou fédérales ; c'est un préalable à toute éthique professionnelle. En ce qui concerne le respect des lois, il faut savoir que la société canadienne dans son ensemble se montre assez exigeante envers les enseignantes et enseignants, à cause de leur fonction d'éducateurs et de la considération sociale qui leur est due. Elle s'attend ainsi qu'ils aient une conduite exemplaire dans l'école et les considère comme des modèles, non seulement pour les élèves, mais pour l'ensemble de la société.

En ce qui concerne l'abus physique et l'abus sexuel, la société est particulièrement exigeante à l'égard des adultes qui ont une fonction de protection et d'éducation envers les jeunes. C'est le cas notamment des personnes qui travaillent dans l'animation sociale et culturelle, dans l'entraînement sportif, dans les services de garde et à l'école.

La société attend donc des enseignantes et enseignants qu'ils aient une conduite hors de tout soupçon dans l'école en ce qui concerne le respect des lois. Elle peut aussi exiger qu'ils aient des comportements irréprochables en dehors de l'école et les pénaliser avec une grande sévérité quand ils dérogent aux lois, surtout si le comportement incriminé a fait l'objet d'une certaine publicité. La raison évoquée par la Cour suprême du Canada et les tribunaux d'arbitrage en cas de griefs est alors la suivante : les enseignantes et enseignants doivent donner l'exemple de façon que les citoyens gardent confiance dans la profession enseignante et dans l'école. Ils sont des modèles (Lavoie, 2001).

La volonté de protéger les élèves, tout autant que la réputation de la profession enseignante et de l'école, a amené certaines commissions scolaires à exiger du nouveau personnel enseignant la preuve d'un casier judiciaire vierge et d'autres commissions scolaires, à appliquer des mesures disciplinaires contre des enseignantes et enseignants qui avaient commis des infractions quand ces dernières avaient un lien avec la nature de leur emploi.

L'éthique professionnelle commence par la connaissance et le respect des lois. Elle se poursuit dans la réflexion sur le sens et les limites de l'intervention professionnelle.

3.2.   Des parties de lois qui concernent particulièrement le personnel enseignant

Certaines parties de lois ont des conséquences éthiques importantes pour les enseignantes et enseignants parce qu'elles leur attribuent des responsabilités et des devoirs particuliers.

3.2.1.   La délégation de la responsabilité parentale au personnel enseignant

La famille partage avec l'État des responsabilités envers les enfants pour leur éducation et leur socialisation. Cette complémentarité des rôles éducatifs prend forme tout au long de la période de l'obligation scolaire, c'est-à-dire jusqu'à l'âge de 16 ans. Quand les parents confient leurs enfants et adolescents à l'école, ils délèguent temporairement leur autorité de parents à d'autres éducateurs, dont les enseignants, auxquels il est demandé d'agir « en bons pères de famille ». C'est ainsi que, pendant les heures d'école, la direction doit s'assurer des présences à l'école et vérifier que les absences sont motivées par les parents ou leurs substituts. Par ailleurs, les enseignantes et enseignants sont non seulement chargés d'enseigner et de faire apprendre, mais aussi d'assurer la sécurité physique des élèves, de surveiller leurs déplacements dans les corridors et les aires de jeux. Cette délégation va beaucoup plus loin puisque le personnel enseignant est chargé d'éduquer les jeunes et de les aider à intégrer un certain nombre de valeurs socialement partagées. C'est une responsabilité et un pouvoir importants, mais qui ne sont pas absolus. En effet, même si les parents délèguent leur autorité à l'école pendant les heures de classe, il reste que ce sont eux qui prennent les décisions importantes et qui sont responsables de leurs enfants.

3.2.2. L'article 43 du *Code criminel* sur le châtiment corporel

À la demande d'une association militant pour le droit des enfants, qui voulait empêcher le recours aux châtiments corporels comme la fessée, la portée de l'article 43 du *Code criminel* a été délimitée en 2004. Voici cet article :

> Tout instituteur, père ou mère, ou toute personne qui remplace le père ou la mère, est fondé à employer la force pour corriger un élève ou un enfant, selon le cas, confié à ses soins, pourvu que la force ne dépasse pas la mesure raisonnable dans les circonstances.

La Cour suprême du Canada, qui a été saisie du dossier, n'a pas invalidé cet article. Elle a précisé les éléments suivants qui limitent l'usage de ces châtiments. D'abord, les châtiments corporels ont pour but d'éduquer l'enfant et de corriger un comportement ; ils ne doivent pas être appliqués pour d'autres raisons comme la colère ou la vengeance. Ensuite, l'enfant doit être en mesure de comprendre la punition, ce qui interdit les châtiments corporels s'il a moins de deux ans ou s'il a une maladie mentale. Enfin, la punition doit être raisonnable dans les circonstances. On est loin de la petite Aurore, enfant martyre… Cependant, la loi ne précise pas ce qu'est une mesure raisonnable. Il appartient à chaque enseignant et à chaque parent de le déterminer selon les circonstances et l'âge des élèves ou des enfants.

Pourquoi les enseignantes et enseignants sont-ils concernés par cet article de loi ? Ils sont nommément désignés par la loi justement à cause de la délégation de la responsabilité parentale, ce qui pourrait inclure l'utilisation de la force pour se faire obéir. Cependant, les commissions scolaires interdisent généralement les punitions corporelles comme les gifles, les coups, les fessées. Ces comportements ne sont, en effet, plus tolérés du tout dans la société québécoise. Mais l'article 43 ne concerne pas que les punitions physiques. Il est important, car il précise l'utilisation de la force permise au personnel enseignant dans la gestion de comportements difficiles. Pensons, par exemple, à une situation où un enseignant devrait empoigner et retenir un élève violent ou encore, dans un degré moindre, le maîtriser physiquement, ce qui constitue une restriction de sa liberté de mouvement. Ainsi, la Cour suprême déclare dans son jugement que : « l'article 43 protégera l'enseignant qui emploie une force raisonnable pour retenir un enfant ou l'expulser lorsque cela est indiqué. » (*Canadian Foundation for Children, Youth and the Law c. Canada (Procureur général)*, paragr. 38).

L'article 43 ne constitue donc pas une fin de non-recevoir automatique à une accusation de voies de fait. En d'autres termes, il ne suffit pas à l'enseignante ou l'enseignant d'invoquer son statut d'éducateur pour pouvoir avoir recours à la force : il lui revient de juger quand une situation nécessite le recours à la force physique et à l'utiliser en faisant preuve de jugement quant à l'intensité de cette force. Il lui revient aussi, en tant que professionnel, d'expliquer et de justifier son intervention. Tous ces éléments font partie de la compétence professionnelle : l'enseignante ou l'enseignant ne peut pas se contenter d'appliquer la loi mécaniquement.

3.2.3. L'obligation de signaler de la *Loi sur la protection de la jeunesse*

Le rôle des enseignantes et enseignants est de favoriser le développement des élèves et parfois de les protéger quand ce développement est compromis. C'est ce qu'indique la *Loi sur la protection de la jeunesse* qui précise les actions que la société attend des adultes afin de protéger les jeunes. L'obligation de signaler, qui se trouve à l'article 39, est valable pour tous les citoyens, mais elle concerne plus spécifiquement les professionnels de la santé, les enseignants et les policiers, à cause de leur fonction d'éducation et de protection. Voici l'énoncé de cet article :

> Tout professionnel qui, par la nature même de sa profession, prodigue des soins ou toute autre forme d'assistance à des enfants et qui, dans l'exercice de sa profession, a un motif raisonnable de croire que la sécurité ou le développement d'un enfant est ou peut être considéré comme compromis au sens de l'article 38 ou au sens de l'article 38.1, est tenu de signaler sans délai la situation au directeur ; la même obligation incombe à tout employé d'un établissement, à tout enseignant ou à tout policier qui, dans l'exercice de ses fonctions, a un motif raisonnable de croire que la sécurité ou le développement d'un enfant est ou peut être considéré comme compromis au sens de ces dispositions.

Dans cet article, le terme *enfant* est pris au sens de la loi, c'est-à-dire de personne mineure, et le terme *directeur* désigne le directeur de la protection de la jeunesse et non le directeur d'école. Là encore, le jugement professionnel de l'enseignant est nécessaire pour évaluer la situation avant de faire un signalement. Cette disposition de la *Loi sur la protection de la jeunesse* exige du personnel enseignant une certaine implication qui peut sembler lourde à porter. Il faut savoir toutefois que le signalement se fait généralement par une référence de l'élève aux services complémentaires de l'école ; l'enseignant n'est donc pas seul à assumer le signalement. Mais surtout, cet article reconnaît le rôle important des enseignantes et enseignants, la confiance que les élèves leur accordent spontanément et l'importance vitale de l'aide qu'ils peuvent apporter à leurs élèves non seulement pour apprendre, mais aussi pour vivre.

3.3. Des lois et des règlements spécifiques à l'enseignement

La *Loi sur l'instruction publique*, qui a été modifiée en 1997 par le projet de loi 180, détermine le cadre légal d'exercice de la profession enseignante. Elle comprend une partie relative à l'éthique professionnelle enseignante qui aborde successivement trois éléments : les droits de l'enseignant, ses obligations et la suspension ou la révocation du brevet d'enseignement, autrement dit de l'autorisation légale d'enseigner.

L'article 19 présente les droits de l'enseignant en affirmant dès le départ que l'enseignant a une fonction de direction par rapport aux élèves, qui lui permet d'intervenir et d'évaluer. On peut voir en cela une présentation de l'*identité professionnelle des enseignantes et enseignants.

Direction des élèves

Dans le cadre du projet éducatif de l'école et des dispositions de la présente loi, l'enseignant a le droit de diriger la conduite de chaque groupe d'élèves qui lui est confié.

Responsabilité de l'enseignant

L'enseignant a notamment le droit :

de prendre les modalités d'intervention pédagogique qui correspondent aux besoins et aux objectifs fixés pour chaque groupe ou pour chaque élève qui lui est confié ;

de choisir les instruments d'évaluation des élèves qui lui sont confiés afin de mesurer et évaluer constamment et périodiquement les besoins et l'atteinte des objectifs par rapport à chacun des élèves qui lui sont confiés en se basant sur les progrès réalisés.

À l'article 20, le texte de la loi précise la liberté de conscience de tout enseignant dans le système scolaire : « L'enseignant a le droit de refuser de dispenser l'enseignement moral et religieux d'une confession pour motif de liberté de conscience. » La contrepartie des droits de l'enseignant, ce sont les devoirs ou obligations de sa fonction qui sont énumérés à l'article 22 :

Section II   Obligations de l'enseignant

Responsabilité

Il est du devoir de l'enseignant :

1° de contribuer à la formation intellectuelle et au développement intégral de la personnalité de chaque élève qui lui est confié ;

2° de collaborer à développer chez chaque élève qui lui est confié le goût d'apprendre ;

3° de prendre les moyens appropriés pour aider à développer, chez ses élèves, le respect des droits de la personne ;

4° d'agir d'une manière juste et impartiale dans ses relations avec ses élèves ;

5° de prendre les mesures nécessaires pour promouvoir la qualité de la langue écrite et parlée ;

6°   de prendre des mesures appropriées qui lui permettent d'atteindre et de conserver un haut degré de compétence professionnelle ;

6.1° de collaborer à la formation des futurs enseignants et à l'accompagnement des enseignants en début de carrière ;

7°   de respecter le projet éducatif de l'école.

Cet article présente les éléments généraux de la compétence professionnelle du personnel enseignant, qu'il est essentiel de connaître et de respecter. C'est une sorte de contrat moral entre la société et les enseignants et la contrepartie du pouvoir qui leur est conféré par la société.

La *Loi sur l'instruction publique* comporte aussi une composante disciplinaire qui permet de sévir en cas de plainte fondée contre une enseignante ou un enseignant qui n'assumerait pas ses devoirs professionnels ou commettrait une faute professionnelle. L'article 26 précise que « toute personne physique peut porter plainte au ministre contre un enseignant pour une faute grave commise à l'occasion de l'exercice de ses fonctions ou pour un acte *dérogatoire à l'honneur ou à la dignité de la fonction enseignante ». Cependant, les notions de faute grave, d'honneur et de dignité ne sont pas définies dans le texte de la loi. Les articles 26 à 33 expliquent le mécanisme de traitement des plaintes par un comité nommé par le ministre, qui fonctionne selon une procédure et des délais précis. Les articles 34 et 35 expliquent ce qui arrive si la plainte est fondée et que l'enseignante ou l'enseignant reconnaît la faute qu'on lui reproche : la suspension, la révocation ou le maintien sous condition de l'autorisation d'enseigner.

Malgré ce dispositif légal, certains groupes et organismes considèrent que le caractère général de ces articles de la *Loi sur l'instruction publique* ne permet pas vraiment d'évaluer et de juger de la compétence et de l'éthique professionnelle d'un membre du corps enseignant à propos duquel une plainte aurait été déposée. Ils proposent soit de mettre en place un ordre professionnel des enseignantes et enseignants qui aurait un code de déontologie et un *comité de discipline pour le gérer, soit de créer une nouvelle structure d'encadrement de la pratique professionnelle qui aurait, entre autres, la charge de traiter les plaintes.

Si la *Loi sur l'instruction publique* est importante, elle n'est pas la seule à délimiter le travail des enseignantes et enseignants. Les conventions collectives régies par la *Loi sur le régime de négociation des conventions collectives dans les secteurs public et parapublic* constituent une autre forme de régulation de la profession enseignante. Les conventions collectives de travail sont négociées par le gouvernement et les commissions scolaires, d'une part, et le syndicat enseignant, d'autre part. Ces conventions déterminent, par exemple, les salaires et le nombre d'heures de travail par semaine.

Le régime pédagogique et les programmes du préscolaire, du primaire et du secondaire tels qu'ils sont présentés dans le Programme de formation de l'école québécoise déterminent les orientations et le contenu du travail à effectuer par le personnel enseignant. Ils constituent l'encadrement pédagogique de la fonction enseignante. Quand le système scolaire entreprend une réforme des programmes, comme c'est le cas au Québec depuis 2000, cette réforme n'est pas optionnelle et négociable individuellement par les enseignantes et enseignants. Elle comporte un caractère d'obligation, bien que les modalités et les rythmes d'implantation puissent varier d'un milieu à un autre, d'une équipe pédagogique à une autre, d'un enseignant à un autre. Nous verrons, dans la deuxième partie de ce livre, comment les enseignantes et enseignants peuvent développer leur éthique professionnelle dans le cadre de cette réforme.

D'autres lois ont également des incidences sur le travail du personnel enseignant, comme la *Charte de la langue française*, la *Loi sur l'enseignement privé*, la *Loi sur l'accès aux documents des organismes publics et sur la protection des renseignements personnels*, la *Loi sur le ministère de l'Éducation*, la *Loi sur le Conseil supérieur de l'éducation*, la *Loi sur les élections scolaires*, le *Règlement sur l'autorisation d'enseigner* et bien d'autres encore.

3.4.   Des politiques et règlements locaux dans les commissions scolaires et dans les écoles

Les membres du corps enseignant ne peuvent faire abstraction des *normes présentes dans leur milieu de travail, qu'elles aient été édictées par la commission scolaire ou par l'école. Dans ce cas, ce ne sont pas des lois qui régissent leurs comportements. Ce sont des politiques locales et des règlements qui ont une portée limitée à leur contexte

bien défini, mais qui n'en sont pas moins des instruments de régulation sociale de tous les acteurs du milieu scolaire, y compris le
personnel enseignant. Par exemple, dans la foulée du *souci éthique
qui traverse la société québécoise, certaines commissions scolaires se
sont dotées de politiques relatives à l'éthique (voir l'exemple proposé
à l'Annexe 4).

En tant qu'employés d'une commission scolaire, les enseignantes
et enseignants sont concernés par les politiques locales de leur milieu
de travail dont certaines ont des incidences sur leur éthique professionnelle. Ainsi, les politiques des commissions scolaires visent la
prévention de problèmes sociaux qui ont un retentissement dans
l'école. Celles-ci touchent particulièrement les membres du corps
enseignant en leur reconnaissant un rôle spécifique. Considérons, par
exemple, les politiques sur le harcèlement sexuel et la violence. Celles-
ci posent non seulement comme principe éthique que ces comportements sont inacceptables dans l'école, mais en plus elles demandent
au personnel enseignant de faire de la prévention primaire et secondaire à ce sujet. Par prévention primaire, on entend toute intervention
d'information ou de sensibilisation auprès des élèves qui vise à empêcher la manifestation de ces comportements dans l'école, par exemple,
une journée de sensibilisation organisée avec les services complémentaires de l'école. Par prévention secondaire, on entend toute intervention de dépistage auprès des élèves qui permet de reconnaître qu'une
personne est victime de ces comportements, ce qui entraîne un signalement aux autorités en vue de l'aider, comme l'exige la *Loi sur la
protection de la jeunesse*.

De plus, on attend des enseignantes et enseignants qu'ils respectent
absolument ces politiques en n'ayant aucun comportement de harcèlement sexuel ou de violence envers des élèves ou envers toute autre
personne du milieu scolaire. Il n'est pas exagéré de parler à ce sujet
de tolérance zéro. Les enseignantes ou enseignants reconnus coupables
d'abus physique ou d'abus sexuel envers des élèves sont exposés à
des condamnations en vertu du *Code criminel*, à des poursuites au
niveau civil et, en plus, à des mesures disciplinaires de la part de
leur commission scolaire comme la suspension, le non-renouvellement
de leur contrat de travail ou le renvoi.

Les commissions scolaires et les écoles ont pris l'habitude,
depuis quelques années, de rédiger des règlements à usage interne
appelés Codes de vie. Ceux-ci sont également des instruments de

régulation des comportements scolaires. Ils ont une double utilité : d'une part, ce sont des instruments de gestion de classe qui aident à faire respecter des règles de base comme la politesse, d'autre part, ce sont des instruments de contrôle des comportements à l'école pour les directions d'école.

Les Conseils d'établissement auxquels participe le personnel enseignant ont le droit d'établir des règlements internes qui peuvent imposer aux élèves certains comportements comme le vouvoiement ou une tenue vestimentaire particulière (Bouchard, 2004). C'est au nom de valeurs comme le respect de soi, le respect d'autrui ou le sentiment d'appartenance à l'école, que ces règlements sont établis et pas seulement pour contrôler les élèves. Ces règlements locaux peuvent varier sensiblement d'une école à l'autre, mais ils ont comme avantage de donner des lignes directrices claires auxquelles tout le personnel enseignant d'une école peut se référer.

On peut cependant regretter que ces règlements et codes soient davantage perçus comme des moyens de contrôler les élèves que comme des moyens de développer une éthique collective dans l'école. Certains membres du corps enseignant vont jusqu'à penser que les codes de vie ne sont rédigés que pour les élèves et qu'ils ne les concernent pas. Mais, il serait assez difficile de faire respecter une règle si les collègues eux-mêmes ne la respectent pas. La cohérence et la congruence sont des qualités professionnelles. On voit mal, en effet, un enseignant interdire à un jeune un comportement qu'il se permet lui-même à l'école alors que ce même comportement est interdit par le code de vie, par exemple, fumer dans la cour de l'école.

3.5. Un ordre professionnel comme encadrement particulier

Jusqu'à présent, nous n'avons envisagé que les encadrements actuels de la profession enseignante. Il reste à examiner la nature et la fonction de l'encadrement de la pratique enseignante qui pourrait advenir avec la création d'un ordre professionnel des enseignantes et enseignants. Notons d'abord que pour la Fédération des syndicats de l'enseignement et pour certains auteurs, la profession enseignante est déjà suffisamment encadrée et qu'elle ne gagnerait rien à l'être davantage par un ordre professionnel. Pour comprendre la nature de cet éventuel encadrement, il faut savoir que le rôle de tout ordre professionnel est avant tout de protéger le public et non de contrôler ses membres. Cette protection du public est nécessaire à cause du pouvoir que détiennent les professionnels en raison de leur expertise et de leur statut. Il s'agit d'empêcher tout abus de pouvoir ou toute utilisation inadéquate de celui-ci par les professionnels afin de garder la confiance du public envers la profession.

L'encadrement de la profession, effectué par un ordre professionnel, est le résultat d'un travail entre *pairs. C'est ainsi que les médecins gèrent leur profession à l'intérieur de leur corporation. Les enseignantes et enseignants pourraient, eux aussi, gérer la leur dans un ordre professionnel ou une corporation. La structure de fonctionnement d'un ordre professionnel est une *autogestion, ce qui en fait un type d'encadrement de la profession différent de tous ceux qui ont été présentés précédemment. Les membres de tout ordre professionnel sont des collègues qui assurent ensemble la régulation de leur profession. Alors que la religion, la morale et le droit sont des *hétérorégulations, la déontologie liée à l'appartenance à un ordre professionnel fonctionne comme une *autorégulation, car ce sont les professionnels eux-mêmes membres de l'Ordre qui gèrent leur ordre professionnel.

Les différentes fonctions d'un ordre professionnel, ses membres, son mandat, sont déterminés par une loi : le *Code des professions*. Ce code est administré par une structure unique au Québec : l'Office des professions du Québec. Une telle structure n'existe pas en Ontario où un ordre professionnel des enseignants a été mis en place par le gouvernement conservateur en 1996. L'un des rôles d'un ordre professionnel est certainement le contrôle de l'éthique professionnelle de ses membres grâce au code de déontologie obligatoire et au comité de discipline chargé d'évaluer les plaintes. C'est son rôle le plus connu, mais c'est loin d'être le seul. Un ordre professionnel des enseignantes et enseignants aurait aussi pour fonction de gérer la profession en déterminant un certain nombre d'éléments essentiels. Le tableau 7 les présente.

Cette liste montre qu'un ordre professionnel des enseignantes et enseignants exercerait des fonctions qui sont actuellement celles du ministère de l'Éducation, des directions d'école ou des syndicats. Un ordre professionnel est une structure qui peut détenir un rôle important en ce qui concerne l'éthique professionnelle et c'est essentiellement pour cette raison que cette structure est demandée par des parents et certains organismes éducatifs. Mais, il faut toujours avoir en tête que la fonction essentielle de tout ordre professionnel est de protéger le public – ce qu'il réalise effectivement s'il évite le piège du *corporatisme, c'est-à-dire de la protection de ses membres avant tout.

Tableau 7
Les éléments essentiels gérés par un ordre professionnel

* qui peut faire partie de l'ordre et quel est le montant de la cotisation pour en être membre ;
* quelles sont les compétences à acquérir pour entrer dans la profession et quel diplôme est nécessaire pour pratiquer. Ces éléments seraient éventuellement déterminés par l'ordre en collaboration avec le ministère de l'Éducation et les universités ;
* comment fonctionne le comité d'inspection qui évalue régulièrement la pratique des membres. Cette tâche est actuellement effectuée sous forme de supervision pédagogique par les directions d'école ;
* comment fonctionne le code de déontologie de la profession dans le traitement des plaintes reçues contre un professionnel ;
* comment proposer des formations continues aux membres de façon qu'ils maintiennent leurs compétences professionnelles ;
* comment protéger la réputation de la profession et en faire la promotion dans la société.

3.6.   L'enseignante ou l'enseignant est une personne qui incarne la Loi

Les enseignantes et enseignants sont soumis à des lois générales et spécifiques qu'ils doivent connaître et respecter en faisant preuve de discernement. Mais leur rôle ne s'arrête pas là. La tradition éducative et les recherches actuelles en éducation montrent que le rôle du personnel enseignant est aussi d'être porteur de la *Loi, c'est-à-dire du sens symbolique des lois. Les enseignantes et enseignants entretiennent des rapports sociaux dans l'école et ils aident les élèves à apprendre à vivre ensemble. Ils permettent aux jeunes d'intégrer les normes scolaires et sociales dans leur vie d'élèves et de jeunes.

Cela nous ramène au rôle de modèle du personnel enseignant dont nous avons parlé précédemment. Ainsi, les enseignantes et enseignants incarnent la Loi sociale, par le biais du pouvoir que l'école leur confère et que la société leur reconnaît. Ils ont une autorité *légitime sur les élèves et cette autorité s'accompagne de responsabilités et de devoirs particuliers. Il est clair que s'ils ne reconnaissent pas cette autorité, ils ne seront pas en mesure de la faire respecter par les élèves ni par leurs parents. Cela ne signifie pas que les enseignants sont des policiers ou des juges, mais ils ont une autorité morale légitime qui leur est conférée par la société afin d'aider les jeunes à se développer. Reconnaître qu'on possède cette autorité est un premier pas nécessaire afin de la gérer de façon professionnelle et de façon éthique. Nous verrons aussi, au cinquième chapitre, que le rôle symbolique des enseignantes et enseignants les amène à jouer un rôle éducatif important en ce qui concerne l'apprentissage de règles sociales chez les jeunes : c'est une de leurs missions éducatives. Mais, auparavant, au quatrième chapitre, nous allons clarifier l'éthique professionnelle en enseignement.

Nous avons vu, dans ce troisième chapitre, que la profession enseignante est amplement réglementée et que de nombreuses lois balisent le travail des enseignantes et enseignants. Ils ne sont pas totalement libres, pas plus d'ailleurs que d'autres professionnels ou d'autres adultes dans la société. Quand ils sont dans leur classe, les enseignants sont les relais d'une société de droit et des figures d'autorité, ce qui leur impose des devoirs particuliers. Une des premières étapes de l'éthique professionnelle est de prendre conscience de cet encadrement légal, de le reconnaître et d'en tenir compte dans ses interventions. Nous avons vu aussi que respecter les lois ne peut se faire sans exercer son jugement professionnel, sans réfléchir, sans tenir compte des circonstances. L'éthique professionnelle est plus qu'une simple obéissance aux lois et aux règlements, même si elle commence par là. Elle fait appel au discernement et à la réflexion sur le sens de la pratique professionnelle pour prendre des décisions sur les conduites à adopter.

■ QUESTIONS DE COMPRÉHENSION ET DE RÉFLEXION

1. Après avoir relu les devoirs des enseignants énoncés par la *Loi sur l'instruction publique*, essayez d'évaluer dans quelle mesure votre préparation à l'enseignement ou votre pratique d'enseignement vous permet de remplir actuellement ces devoirs.

    Que concluez-vous après avoir évalué au tableau 8 votre compétence actuelle à remplir les devoirs des enseignants inscrits dans la *Loi sur l'instruction publique* ?

Tableau 8
Les devoirs des enseignantes et enseignants

	Insuffisamment	Suffisamment	Amplement
1. La formation des élèves			
2. Le développement du goût d'apprendre			
3. Le respect des droits de la personne			
4. La justice et l'impartialité			
5. La qualité de la langue			
6. La compétence professionnelle			
7. La formation des jeunes collègues			
8. La participation au projet éducatif			

2. Le Serment d'Hippocrate met en évidence l'honneur de la profession médicale et la *Loi sur l'instruction publique* met en évidence l'idée d'acte dérogatoire à l'honneur et à la dignité de la fonction enseignante. Que signifie cet honneur de la profession enseignante pour vous ? Comment se manifeste-t-il ? Avez-vous déjà rencontré une enseignante ou un enseignant qui manifestait, par ses actes, cette dignité de la fonction enseignante ? Qu'avez-vous observé ? Que retenez-vous ?

3.   Quels sont les différents niveaux couverts par la *Loi sur l'instruction publique*? Où situez-vous les différents niveaux couverts par la *Loi sur l'instruction publique* dans le tableau 6 apparaissant au début de ce chapitre? Pourquoi?

4.   Quelles sont les incidences du droit sur la vie professionnelle des enseignantes et enseignants?

5.   Est-ce que le fait d'être un bon citoyen qui respecte les lois suffit à faire d'une enseignante ou d'un enseignant une ou un professionnel éthiquement responsable?

6.   Quelle différence faites-vous maintenant entre le droit et l'éthique? Comment cela se traduit-il sur votre travail d'enseignante ou d'enseignant?

■ ATELIER

TRAVAIL EN ÉQUIPE : LA DIMENSION SYMBOLIQUE DE LA LOI

▶ *Première étape*

RÉPONDRE INDIVIDUELLEMENT AUX QUESTIONS SUIVANTES :

1. Quand on me dit que, comme enseignante ou enseignant, j'incarne la Loi auprès des élèves qui me sont confiés, qu'est-ce que cela signifie pour moi ?

2. Dans mon expérience d'élève, qu'est-ce que mes enseignantes ou enseignants m'ont appris qui m'ont permis de mieux vivre avec moi-même et avec les autres ?

▶ *Deuxième étape*

DISCUSSION EN ÉQUIPE À PARTIR DES RÉPONSES INDIVIDUELLES :

1. Pourquoi l'enseignante ou l'enseignant est une personne significative pour le développement personnel et social de l'élève ?

2. Donnez des exemples et des contre-exemples qui appuient vos pistes de réponses.

   À partir de la discussion que vous avez eue, préparez un commentaire à communiquer au grand groupe sur le fait que les enseignantes et enseignants incarnent la Loi auprès des élèves et ce que cela donne en termes d'éducation des élèves dans la classe et à l'école.

▶ *Troisième étape*

RETOUR EN GRAND GROUPE :

Une personne par équipe fait la synthèse de son commentaire à la classe.

CHAPITRE

4

L'éthique professionnelle

Intentions pédagogiques

Après avoir lu ce chapitre et discuté de son contenu, vous devriez être en mesure de :

- Situer l'éthique professionnelle comme une des formes possibles de l'éthique appliquée ;

- Comprendre dans quelle mesure le personnel enseignant en voie de professionnalisation est concerné par l'éthique professionnelle ;

- Reconnaître les caractéristiques de l'intervention et de la relation professionnelle ;

- Préciser les éléments essentiels de la relation professionnelle enseignante et ses conséquences éthiques.

Jusqu'à maintenant, dans cette première partie du livre, il a été question de l'intérêt que revêt l'éthique dans notre contexte culturel et dans l'encadrement de la profession enseignante. Ce quatrième chapitre va clore la première partie consacrée spécifiquement à la présentation du cadre conceptuel de l'éthique. Différentes conceptions de l'*éthique seront définies et l'éthique professionnelle enseignante sera mise en évidence. Cette éthique enseignante, située au cœur même de la dynamique qui anime l'intervention et la relation professionnelle en enseignement, sera explorée en détail lors des différents thèmes abordés dans la deuxième partie de ce livre.

4.1.   L'éthique et ses développements

Nous avons vu que les préoccupations éthiques sont très anciennes puisqu'elles remontent à la civilisation grecque, mais nous avons vu aussi que les hommes et les femmes de notre temps s'interrogent considérablement sur ces questions. L'éthique s'est développée en se spécialisant toujours davantage, chaque niveau se subdivisant en niveaux différents portant sur des domaines particuliers. Ce sont ces niveaux qui vont maintenant être présentés : l'éthique fondamentale, l'éthique appliquée, l'éthique professionnelle et l'éthique profession-nelle enseignante. La figure 1 illustre ces différents termes utilisés dans le domaine de l'éthique.

Figure 1
Le domaine de l'éthique

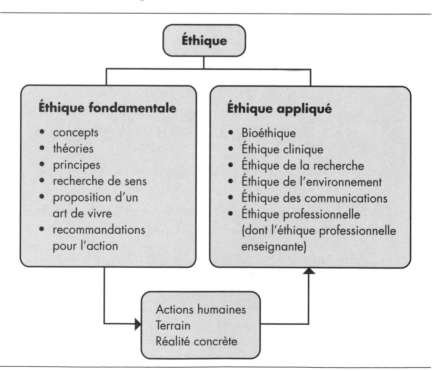

4.1.1. L'éthique fondamentale

L'éthique théorique ou fondamentale, appelée aussi métaéthique, est une démarche philosophique qui s'est développée en même temps que la raison et les connaissances. En effet, le pouvoir que confèrent les connaissances à ceux qui les possèdent doit être encadré. L'ancienne réflexion sur la recherche de la sagesse et de la vie bonne a ainsi été réactualisée par les questions suscitées avec le développement des sociétés modernes. L'éthique est alors devenue à la fois une réflexion sur les *normes et la recherche de principes et de *valeurs permettant de guider l'action humaine dans le sens du respect des personnes.

4.1.2. L'éthique appliquée

Le terme d'éthique appliquée peut porter à confusion, car on est naturellement tenté de croire qu'il s'agit de l'application de théories éthiques à des problèmes de terrain. Cela supposerait une démarche où l'on déduit d'une théorie éthique des applications concrètes pour l'agir sur le terrain. Or, l'éthique appliquée signifie tout le contraire. Il s'agit d'une démarche inductive où l'on part des problèmes du terrain, c'est-à-dire des pratiques et des actions humaines ancrées dans des réalités concrètes. Dans des domaines particuliers comme la médecine, les affaires, les communications, de nombreuses questions reliées aux développements technoscientifiques obligent à examiner les situations vécues concrètement pour dégager les valeurs et les principes qui peuvent servir de balises pour mieux comprendre les situations, les analyser et prendre des décisions qui respectent la dignité humaine.

4.1.3. L'éthique professionnelle

L'éthique professionnelle est une des formes possibles de l'éthique appliquée, elle concerne spécifiquement l'exercice des professions. La sociologie des professions étudie comment les professions se développent, luttent pour conquérir une part du marché occupé par d'autres professions et comment elles finissent par être reconnues dans la société pour leur apport spécifique. L'exemple des sages-femmes québécoises illustre bien cette situation. Après des décennies de clandestinité, de discussions et de luttes avec les médecins, les sages-femmes ont pu organiser leur profession avec une formation universitaire standardisée qui reconnaît leurs compétences, un ordre professionnel qui balise leur pratique et qui est garant de la qualité de leur intervention. Elles travaillent maintenant en lien avec l'hôpital dans des équipes *multidisciplinaires. Cet exemple montre aussi que le domaine de la santé, qui autrefois ne relevait que d'une seule profession, celle de médecin, est maintenant subdivisé en de nombreuses spécialités médicales et professions paramédicales comme les pharmaciens, les optométristes, les dentistes. L'éthique professionnelle concerne toutes les professions actuelles et futures.

4.1.4. L'éthique professionnelle enseignante

L'éthique professionnelle enseignante est particulièrement exigeante à cause du rôle de formation que jouent les enseignantes et enseignants. On attend d'eux qu'ils soient des adultes significatifs pour les jeunes et qu'ils favorisent leur socialisation. C'est la raison pour laquelle l'éthique professionnelle peut aller, à notre avis, jusqu'à recommander certains comportements et évaluer que certains autres constituent des manquements à l'éthique. Ainsi, la violence est considérée comme inacceptable en classe, qu'elle soit le fait des élèves ou de l'enseignante ou de l'enseignant, et c'est au personnel enseignant de tout faire pour qu'elle ne se produise pas. D'habitude, c'est la *morale ou la *déontologie qui jouent ce rôle prescriptif, mais en l'absence actuelle d'une morale ou d'une éthique enseignante explicite et d'un code officiel de déontologie, ce livre consacré à l'éthique professionnelle comprend aussi des éléments relatifs aux normes de comportement.

L'éthique professionnelle enseignante ne concerne que les enseignantes et enseignants, elle est spécifique à cette profession et possède ses caractéristiques propres. On peut alors considérer que l'éthique professionnelle d'un groupe est liée à son *identité professionnelle, à la façon dont il se perçoit et se définit. Elle est liée aussi au rôle que la société reconnaît à chaque profession, au *statut social des professionnels. Or, les enseignantes et enseignants du Québec sont en voie de professionnalisation. En effet, on leur demande d'être de plus en plus des professionnels responsables et de développer des compétences professionnelles qui sont maintenant clairement définies par le ministère de l'Éducation (2001a). La compétence éthique fait partie de ces compétences professionnelles dont l'acquisition, le développement, le maintien au cours de la carrière et l'évaluation sont désormais obligatoires (voir l'Annexe 2).

L'éthique professionnelle est souvent envisagée sous l'angle de la déontologie professionnelle et l'appartenance à un ordre professionnel. Il faut pourtant savoir qu'une profession qui ne fait pas partie d'un ordre professionnel peut parfaitement développer des principes éthiques ou se doter d'un *code de déontologie et inciter ses membres à le respecter. C'est ce qu'a fait récemment l'Association des orthopédagogues du Québec. Cependant, un ordre professionnel, quand il existe, joue un rôle précis en ce qui concerne l'éthique professionnelle de ses membres. La loi l'oblige à assumer les fonctions qui sont indiquées au tableau 9.

Tableau 9
Les fonctions d'un ordre professionnel

- expliciter ses valeurs et ses obligations professionnelles dans un code de déontologie;
- diffuser ce code et inciter ses membres à le respecter;
- travailler en collaboration avec les institutions de formation initiale afin qu'elles offrent aux futurs professionnels une formation en éthique et déontologie;
- offrir à ses membres des sessions de formation continue en éthique et déontologie et sur la mise à jour des connaissances du domaine d'intervention;
- évaluer le respect du code par ses membres en cas de plainte d'un client;
- sanctionner tout membre qui aurait commis une faute éthique, porté atteinte à la réputation de la profession ou nui au public.

4.2.   La notion de profession

Pour comprendre une éthique professionnelle et vivre en accord avec ses orientations, il importe autant de réfléchir à l'éthique qu'à la notion de profession. On peut penser qu'exercer une profession est une façon de gagner sa vie selon des caractéristiques et des façons de faire particulières. Mais il faut aussi savoir qu'une profession se distingue d'un métier, d'une technique, d'une vocation ou d'une occupation ordinaire (Legault, 1999).

4.2.1.   Un métier, une technique, une profession,
une vocation, une occupation

Un métier se définit par la maîtrise de certaines techniques, par un apprentissage théorique, mais surtout pratique, qui se faisait autrefois avec un maître dans son atelier, par le compagnonnage. La relation qui existe entre le stagiaire en enseignement et son enseignante ou enseignant associé est de même type que cette relation entre l'artisan et son apprenti. D'ailleurs, on utilise parfois le terme «métier d'enseignant» pour mettre en évidence le savoir-faire important qui est mis en œuvre pendant les stages et lors de la pratique enseignante.

Une profession comprend généralement la maîtrise de certaines techniques, mais ne s'y limite pas. Elle implique que le professionnel choisisse les techniques et les méthodes nécessaires à la réalisation de son intervention et qu'il puisse justifier leur emploi. Un ingénieur, par exemple, est un professionnel qui prend des décisions de façon autonome, en s'appuyant sur des connaissances théoriques et pratiques, afin de réaliser, le plus souvent avec un technicien, à l'aide des instruments ou des interventions qui lui semblent nécessaires, le projet dont il est responsable.

Le terme vocation vient du latin *vocare* qui signifie appeler. Une vocation est un engagement total d'une personne qui se sent appelée à agir ainsi parce qu'elle croit en cette action dans laquelle elle se dévoue corps et âme. On voit bien que ce terme est d'origine religieuse, bien que certaines personnes l'emploient actuellement pour exprimer leur passion pour une activité particulière de travail ou de loisir. Une vocation ne se monnaye pas ; elle ne considère ni la notion d'emploi ni les conditions de travail. Elle ne nécessite pas non plus de connaissances ou d'habiletés particulières, c'est la foi qui importe le plus, les compétences peuvent s'acquérir sur le tas, avec d'autres personnes expérimentées. C'est ainsi que les religieuses et les religieux au Québec ont été longtemps dans l'éducation par vocation.

Une occupation, un passe-temps ou un loisir sont des activités libres effectuées en dehors du temps de travail et sur une base volontaire. Il peut arriver que des personnes développent de grandes habiletés et des savoirs théoriques dans le cadre de ces activités, mais ces compétences sont individuelles et non reconnues par un diplôme ou un groupe professionnel. Ainsi, un musicien amateur peut chanter dans une chorale, mais il ne deviendra professionnel que si ses capacités musicales sont suffisantes pour que le chant devienne pour lui une façon de gagner sa vie reconnue par la Guilde des musiciens qui regroupe les musiciens professionnels. À la différence d'un amateur, un professionnel possède des compétences plus élevées et ses actions sont encadrées par des structures particulières et reconnues socialement.

Ces comparaisons nous permettent de mettre en évidence qu'une profession a une visée autre que la simple exécution de méthodes ou de techniques. Une profession est caractérisée par une fonction de décision plutôt qu'une fonction d'exécution, ce qui nécessite l'exercice du *jugement professionnel. Elle s'accompagne d'une certaine autonomie et d'une obligation de rendre compte de ses choix. Elle se démarque par le haut niveau de compétence des personnes, lesquelles sont reconnues par des institutions sociales.

4.2.2. Les caractéristiques d'une profession

Une profession est une activité qui se définit par le fait que les personnes qui l'exercent possèdent certaines caractéristiques comme la maîtrise de connaissances spécialisées, la capacité de faire preuve d'autonomie et de jugement professionnel et l'établissement d'une relation de confiance avec les clients. C'est en raison de ces caractéristiques que les membres d'une profession peuvent demander à faire partie d'un ordre professionnel régi par le *Code des professions* du Québec (voir l'Annexe 5). Nous allons maintenant regarder plus précisément ce qu'est une profession de façon à définir la profession enseignante et à déterminer une éthique particulière à cette profession à partir des caractéristiques des professions.

Les connaissances spécialisées

La première caractéristique d'une profession est que le professionnel est un expert dans son domaine. Il possède des connaissances théoriques et pratiques spécialisées, obtenues lors d'études secondaires, collégiales ou universitaires effectuées dans une institution reconnue. Deux conséquences découlent de cette formation spécialisée. La première est que seule une personne ayant la même formation et les mêmes compétences, c'est-à-dire un *pair, peut évaluer un professionnel. Seulement un architecte, par exemple, peut évaluer la compétence professionnelle d'un autre architecte. La seconde conséquence est que tout professionnel doit maintenir sa compétence théorique et pratique en effectuant régulièrement des mises à jour. La formation continue est une obligation pour tout professionnel dans une société où les connaissances évoluent très rapidement.

L'autonomie professionnelle et le jugement professionnel

La deuxième caractéristique d'une profession est qu'elle ne peut s'exercer de façon technique et mécanique. Les situations auxquelles sont confrontés les professionnels sont complexes. Elles nécessitent le recours à un jugement professionnel et à une certaine autonomie pour prendre des décisions. Un professionnel a l'obligation d'utiliser tous les moyens disponibles pour intervenir ou résoudre un problème; c'est une obligation de moyens. Il doit être capable de justifier ses choix professionnels devant ses collègues et devant le public. Par contre, il n'a pas d'obligation de résultats. Il se peut que les moyens ne fonctionnent pas dans un cas particulier. Par exemple, un traitement médical reconnu peut ne pas être efficace pour une personne particulière; aucun médecin ne peut garantir une guérison.

La relation de confiance

La troisième caractéristique d'une profession est qu'elle repose sur une relation de confiance entre le professionnel et son client. Le modèle de référence traditionnel au Québec est celui des *professions libérales: médecins, avocats, notaires. La relation professionnelle peut être résumée ainsi: le client consulte un professionnel pour résoudre un problème. S'il s'agit d'un problème de santé, il consulte un médecin ou un autre professionnel de la santé. Si c'est un problème d'argent, il va consulter un comptable ou un notaire. Si c'est en raison d'un problème de droit, ce sera un avocat. Dans chaque cas, le client divulgue des informations personnelles à son propre sujet, sur sa santé, ses revenus, ses relations interpersonnelles, ses projets. On comprend alors pourquoi le secret professionnel revêt une importance capitale: ce qui se dit lors de la consultation doit rester confidentiel, ce qui est partagé par le client comme information ne sera ni divulgué à l'extérieur ni utilisé contre lui. Le client doit pouvoir avoir confiance en la réputation de la profession et en la compétence du professionnel pour le consulter. En l'absence de confiance réciproque, la relation entre le professionnel et le client ne peut porter fruit.

Les professionnels ont un rôle important dans la société pour les personnes et pour les institutions. Cette reconnaissance sociale s'exprime par un statut social particulier et un salaire lié à ce statut. Anciennement, les membres des professions libérales étaient les notables de la société. Maintenant, les professions sont beaucoup plus diversifiées puisque l'on compte 44 ordres professionnels en 2005 (voir l'Annexe 6). Les professionnels bénéficient encore d'une bonne considération sociale. De plus, certains professionnels continuent à partager des signes symboliques d'appartenance à leur profession comme le Serment d'Hippocrate des médecins que nous avons étudié au troisième chapitre, le port d'un jonc d'ingénieur ou celui d'une toge d'avocat.

4.2.3. La notion d'intervention professionnelle

Ce qui caractérise un professionnel, c'est le fait qu'il intervient dans la vie de son client pour changer quelque chose à cette vie, pour l'améliorer. Le concept d'intervention développé par Nélisse (1997) est essentiel pour comprendre l'éthique professionnelle. Par intervention, on entend une action qui a la capacité de faire la différence dans la vie d'autrui et qui est faite avec son accord. Ainsi, le médecin intervient en prescrivant un médicament ou un traitement pour améliorer la santé physique de son patient, le psychologue intervient en établissant une relation d'aide et en mettant en place un suivi psychothérapeutique pour améliorer la santé mentale de son client. Les incidences de l'intervention professionnelle se font sentir à court terme, mais aussi à moyen et à long termes dans la vie des personnes.

Intervenir signifie exercer un certain pouvoir sur autrui avec son accord et à la suite de sa demande. Le but de l'intervention est le développement des personnes, l'amélioration de leur qualité de vie, le bien commun dans la société et pas seulement les bénéfices financiers que le professionnel retire de son travail. Le professionnel est responsable de ses interventions. Il peut, par exemple, refuser d'intervenir s'il considère que son intervention n'est pas conforme aux objectifs de sa profession; mais quand il intervient, il doit assumer les conséquences de son intervention. Plus le pouvoir d'intervenir est grand, plus la responsabilité professionnelle est grande (Legault, 1999).

La notion d'intervention est proche de celle de pouvoir qui a bien mauvaise réputation dans la société actuelle. Quand un professionnel intervient, il exerce un certain pouvoir sur une personne ou un groupe et c'est justement pour limiter ce pouvoir, l'encadrer et l'orienter dans le sens du développement des personnes que l'éthique professionnelle existe. Il ne faut pas confondre le pouvoir d'intervenir avec l'abus de pouvoir qui peut se manifester par des comportements inappropriés. Le tableau 10 présente des exemples d'abus de pouvoir.

Tableau 10
Quelques exemples d'abus de pouvoir

- le mépris des personnes plus faibles, plus démunies, moins instruites;
- l'endoctrinement ou l'abus de confiance qui est le fait d'imposer ses idées ou ses convictions à une personne qui a besoin d'aide;
- l'abus psychologique qui utilise la relation de confiance pour intimider ou dévaloriser;
- l'abus sexuel qui utilise la relation de confiance pour obtenir des bénéfices sexuels;
- l'abus physique qui impose le pouvoir par des coups et des sévices corporels.

Ces divers exemples d'abus de pouvoir montrent que la relation professionnelle est une relation qui comprend certains risques éthiques comme toute autre relation humaine et que la responsabilité de cette relation appartient d'abord au professionnel. Il est tenu à une certaine vigilance éthique en raison de son statut dominant dans cette relation.

4.2.4. Le caractère inégalitaire de la relation professionnelle

La relation professionnelle est une relation de confiance, mais elle est aussi une relation inégalitaire : les deux partenaires n'ont ni le même statut ni le même pouvoir.

Le professionnel est un expert : il détient un *savoir et des compétences que son client ne possède pas. C'est justement en raison de ce savoir qu'il peut proposer des solutions au problème présenté par le client et les mettre en œuvre. Le client, quant à lui, a besoin du professionnel, car il ne possède pas les compétences nécessaires pour résoudre son problème seul. Bien sûr, l'inégalité entre le professionnel et son client dépend de leurs rôles différents dans la relation professionnelle. Elle ne signifie pas qu'une personne a plus de valeur qu'une autre, mais elle exige que, dans la relation professionnelle, chacun ait droit au respect et à la considération de sa dignité. C'est le rôle de l'éthique de rappeler cette nécessité et de faire en sorte qu'elle soit respectée. C'est en reconnaissant son statut et son pouvoir que le professionnel peut gérer la relation de façon éthique et responsable, pas en les niant ou en faisant comme s'ils n'existaient pas.

Il faut ajouter que le client n'est pas seulement démuni, il est dépendant et vulnérable. Il dépend du professionnel pour améliorer sa situation soit par un bien, soit par un service. De son côté, le professionnel doit mobiliser toutes ses compétences pour aider le client. Plus le client est démuni, plus le professionnel a de l'influence et du pouvoir sur lui. Dans la société, certaines personnes sont plus vulnérables que d'autres à l'abus de pouvoir en raison de leur maladie ou handicap, de leur situation économique, de leur isolement, de leur statut précaire ou de leur âge.

4.3.   L'éthique professionnelle enseignante

Cette forme particulière d'éthique est spécifique au rôle des enseignantes et enseignants parmi les autres éducateurs, qu'ils soient parents, *ministres du culte, entraîneurs sportifs ou animateurs de loisirs. Très souvent, les enseignantes et enseignants prennent des décisions basées sur une certaine éthique professionnelle intuitive et personnelle. Mais ils ne la partagent pas nécessairement avec leurs collègues. Le travail de définition de l'éthique professionnelle enseignante a pour but de nommer et de préciser une éthique commune pour tous les membres du corps enseignant. Ils pourront ainsi en discuter et en témoigner dans leurs interventions. Pour la préciser, nous allons reprendre les caractéristiques des professions qui viennent d'être présentées. Elles seront mises en relation avec le travail du personnel enseignant afin d'en dégager les conséquences au plan de l'éthique.

4.3.1.   Les connaissances spécialisées en enseignement

Les enseignantes et enseignants sont des professionnels de l'apprentissage et de l'enseignement. Leurs connaissances spécialisées sont acquises au cours d'une formation initiale de baccalauréat universitaire. Elles sont sanctionnées par un diplôme qui leur donne la qualification légale pour enseigner.

Ces études sont diversifiées : elles sont *disciplinaires quand elles portent sur les matières scolaires à enseigner, *psychopédagogiques quand elles permettent de connaître les jeunes et leurs processus d'apprentissage, *didactiques quand elles portent sur le processus d'enseignement des disciplines scolaires, l'organisation et la gestion de la classe et *culturelles quand elles sont relatives à la langue française et aux fondements de l'éducation (MEQ, 1994). Ces connaissances permettent aux enseignantes et enseignants de prendre la parole et d'agir en tant que spécialistes et non pas simplement en tant qu'adultes, en particulier quand ils rencontrent les parents.

La formation des enseignantes et enseignants est à la fois théorique et pratique. Leurs stages les amènent à développer leurs compétences professionnelles, c'est-à-dire à utiliser leurs connaissances en contexte et dans l'action. Ce n'est qu'à la suite de ces stages que le diplôme leur est attribué, marquant ainsi leur caractère de praticiens.

Au point de vue éthique, les enseignantes et enseignants sont tenus de maintenir leurs compétences professionnelles et de les développer tout au long de leur carrière. L'incompétence est considérée comme un manque d'éthique professionnelle dans la mesure où elle ne permet pas de rendre le service prévu par la profession. Un enseignant incompétent ne peut ni préparer une activité professionnelle ni aider les élèves à apprendre et à se développer dans l'école.

4.3.2. L'autonomie et la créativité du personnel enseignant

Les enseignantes et enseignants utilisent systématiquement leur jugement professionnel pour prendre des décision par rapport à l'adaptation de leurs actions aux classes *hétérogènes qui sont les leurs, pour établir des diagnostics individuels auprès des élèves, pour trouver des stratégies pédagogiques adaptées aux cas particuliers et aux différents groupes. Le recours à des manuels uniformes est de moins en moins encouragé. Non seulement les enseignants doivent-ils être souples et créatifs, mais ils doivent aussi pouvoir expliquer leurs interventions aux élèves, aux collègues et aux parents. Leur autonomie professionnelle est essentielle pour effectuer tous ces choix et les rendre opérationnels.

Au point de vue éthique, les enseignantes et enseignants ont l'obligation de moyens, non celle de résultats comme on l'a vu pour les autres professions, et l'obligation d'expliquer leurs choix professionnels. Cela suppose qu'ils aient développé une habitude de réflexion sur l'action qui est propre aux praticiens réflexifs (Schön, 1994) et essentielle en éthique professionnelle. Ils ne sauraient justifier leurs interventions en n'utilisant que des arguments relatifs à l'habitude (« On a toujours fait ça »), à la mode (« Tout le monde le fait »), au plaisir (« Les élèves aiment ça ») ou à la facilité (« Ça va plus vite »). Au point de vue de l'éthique professionnelle, la seule raison acceptable pour justifier l'intervention est celle qui va dans le sens de l'aide apportée à l'apprentissage et au développement de l'élève.

4.3.3. La relation de confiance dans l'enseignement

Les enseignantes et enseignants établissent avec les élèves une relation de confiance qui est au cœur de la profession enseignante. Pour que les apprentissages puissent avoir lieu, il faut que chaque élève ait confiance en son enseignant et, dans une certaine mesure, en l'école. Le rôle du personnel enseignant est d'établir et de maintenir la confiance dans cette relation pour favoriser le développement de l'élève. Dans cette relation interpersonnelle, des informations personnelles sont parfois échangées, parfois aussi des confidences. Ces confidences sont d'autant plus spontanées que la relation est étroite et que les élèves sont jeunes.

Les membres du corps enseignant doivent aussi développer cette relation de confiance avec les autres éducateurs de l'école avec lesquels ils sont appelés à collaborer dans des projets pédagogiques ou dans des évaluations de fin de cycle. Ils doivent l'étendre également aux parents avec lesquels ils travaillent au développement de leurs jeunes. Les recherches montrent que cette relation de confiance réciproque entre parents et enseignants favorise la réussite scolaire.

L'éthique professionnelle exige de maintenir cette relation de confiance d'abord en manifestant des compétences professionnelles et ensuite en ne minant pas la confiance par le mensonge, la désinformation ou la négligence. Le pédagogue Philippe Meirieu (1991) rappelle à ce sujet que « l'éducation est un lieu de la parole tenue ». Si le secret professionnel n'existe pas pour les enseignants, ils sont néanmoins tenus à une réserve et à une certaine discrétion relativement aux informations privilégiées qu'ils possèdent sur leurs élèves. Le partage d'informations sur un élève ne peut se faire que lors d'une étude de cas entre collègues ou avec d'autres professionnels, dans un lieu protégé et lors d'une analyse centrée sur l'intervention. De plus, les dossiers contenant des données personnelles sur les élèves doivent être conservés en lieu sûr et ne peuvent être consultés que sur demande. Les valeurs professionnelles de respect et de responsabilité protègent la relation de confiance.

4.3.4. L'intervention enseignante et ses conséquences éthiques

Les enseignantes et enseignants interviennent dans le développement des élèves, car ils les aident à apprendre et à grandir. On désigne parfois les incidences du travail du personnel enseignant sur les élèves par l'expression «l'effet enseignant» (*Vie pédagogique*, 1998). Les enseignants ont non seulement l'obligation d'intervenir, mais celle de le faire avec tous les élèves, sans aucune distinction ni *discrimination. Cela peut leur poser problème quand des élèves ont des besoins très particuliers en raison, par exemple, d'un handicap ou d'un trouble du comportement. Ils doivent alors trouver les meilleures façons d'intervenir pour les cas particuliers. L'intervention professionnelle du personnel enseignant est une forme d'exercice de pouvoir qu'il leur est parfois difficile d'admettre dans une société où la démocratie rappelle que nous sommes tous égaux en droit. Pourtant, les enseignantes et enseignants interviennent constamment dans l'apprentissage et le développement des élèves, c'est leur rôle et leur devoir professionnel.

Au point de vue éthique, ce qui compte, c'est le caractère respectueux des interventions et le fait de maintenir le cap sur l'objectif qui est d'aider les élèves à apprendre. La non-intervention est considérée comme une forme de négligence professionnelle et le refus d'intervenir, comme une faute selon la *Loi sur l'instruction publique*. Autrement dit, les enseignantes et enseignants doivent souvent intervenir et c'est la qualité de leur intervention et de son orientation qui compte.

4.3.5. La relation professionnelle enseignante et son éthique spécifique

Les enseignantes et enseignants sont en relation professionnelle avec leurs élèves, leurs collègues, la direction de l'école et les parents. Cette relation n'exclut pas les sentiments d'amitié et l'affection, mais elle ne peut s'y limiter : un enseignant n'est pas seulement un ami. Dans cette relation professionnelle, le rôle du personnel enseignant est de permettre le développement de l'élève dans le contexte de la classe et de l'école.

Les élèves sont dans une relation de dépendance par rapport à l'enseignant ; ils ont besoin de lui pour apprendre, pour être guidés, pour être évalués, pour passer dans la classe suivante et ils le savent. Ils sont vulnérables au jugement et aux évaluations des enseignantes et enseignants puisque leur estime de soi, leur réussite scolaire et une partie de leur intégration sociale dépendent d'eux. Devant le savoir spécialisé et le statut professionnel du personnel enseignant, les élèves sont en position d'inégalité et de dépendance car, bien qu'ils possèdent certaines connaissances, ils ont besoin du personnel enseignant pour en acquérir d'autres, pour les organiser, pour les comprendre et les intégrer. Ils dépendent aussi des adultes qui les entourent pour vivre et apprendre à vivre.

Les parents sont également dans une relation de dépendance par rapport au personnel enseignant à cause des connaissances spécialisées de celui-ci et du pouvoir qu'il a sur leur enfant. Quand ils sont convoqués eux-mêmes par un collègue pour parler d'un élève qui est leur propre enfant, les enseignantes et enseignants ont alors l'occasion de ressentir à quel point les parents peuvent se sentir vulnérables vis-à-vis des décisions prises à l'école à l'égard de leur enfant.

L'éthique professionnelle implique de rappeler constamment l'existence de la relation professionnelle et de ne pas la laisser devenir une relation amicale, amoureuse ou sexuelle. Cela est particulièrement important à l'adolescence quand les jeunes testent leur pouvoir de séduction auprès des adultes. La responsabilité de cette relation se trouve entre les mains du personnel enseignant, quels que soient les comportements des jeunes. Il faut rappeler ici que les jugements de la Cour suprême indiquent nettement que les enseignants restent des enseignants même en dehors de l'école et que la relation avec les élèves reste toujours une relation professionnelle.

Les enseignantes et enseignants se professionnalisent et s'attendent à une certaine *reconnaissance sociale quant à leur rôle dans le développement des jeunes. Certains d'entre eux pensent que l'appartenance à un ordre professionnel favoriserait cette reconnaissance sociale ; d'autres croient plutôt que cette reconnaissance passe par de meilleures conditions de travail et un salaire plus élevé. Le Conseil supérieur de l'éducation (2004), dans son avis sur la profession enseignante, montre que la population a généralement confiance en la compétence de ses enseignants, mais que les enseignants eux-mêmes ne semblent pas ressentir cette confiance. Une des façons de valoriser la profession enseignante est de préciser son identité et ses rôles ainsi que de mettre au jour une éthique professionnelle explicite, partagée et publique. Plus les enseignantes et enseignants seront conscients de leurs rôles auprès des jeunes et dans la société, plus ils seront en mesure de les assumer de façon respectueuse et responsable. L'éthique professionnelle enseignante fait plus que nommer des valeurs nécessaires dans les interventions professionnelles, elle rappelle que l'éducation en soi possède une valeur et que les enseignantes et enseignants sont des personnes essentielles dans la vie des jeunes et dans la société.

■ QUESTIONS DE COMPRÉHENSION ET DE RÉFLEXION

1. Dans quelle mesure considérez-vous les enseignantes et enseignants québécois comme des professionnels ? Expliquez votre réponse.

2. Par rapport à d'autres éducateurs comme les parents, par exemple, en quoi un enseignant peut-il être considéré comme possédant des connaissances spécialisées ?

3. Donnez deux exemples d'intervention professionnelle enseignante. Souvenez-vous qu'une intervention est une action assez large, qui a une intention et qui entraîne d'autres actions. Ne vous limitez pas à une action trop étroite comme placer les élèves en équipe ou donner une consigne. Déterminez ensuite quelles sont les répercussions de ces interventions sur les élèves et quelles pourraient être les conséquences positives et négatives de celles-ci. Ces interventions sont-elles finalement sans risque éthique ?

4. Énumérez les différents éléments de l'intervention professionnelle enseignante mentionnés dans ce chapitre. Parmi ces éléments, lequel avez-vous expérimenté le plus souvent comme élève et lequel expérimentez-vous le plus souvent comme enseignante ou enseignant ou future enseignante ou futur enseignant ?

5. Relevez les éléments d'éthique professionnelle qui se trouvent dans le texte de la *Loi sur l'instruction publique* présenté au troisième chapitre.

6. Pour vous, l'enseignement est-il un métier, une vocation ou une profession ? Justifiez votre réponse.

7. Selon vous, quel est l'élément le plus important pour développer une éthique professionnelle dans l'enseignement ?

■ ATELIER

TRAVAIL EN ÉQUIPE : LES INTERVENTIONS DES ENSEIGNANTES ET ENSEIGNANTS

▶ *Première étape*

INDIVIDUELLEMENT :

Décrire une action d'une enseignante ou d'un enseignant en classe et le contexte dans lequel elle a été réalisée.

▶ *Deuxième étape*

DISCUSSION EN ÉQUIPE À PARTIR DES EXEMPLES RAPPORTÉS PAR LES MEMBRES DE L'ÉQUIPE :

En quoi cette action est-elle une intervention professionnelle ?

Quelles sont les personnes impliquées ? Quelles sont les conséquences de cette action sur ces personnes ?

Comment une enseignante ou un enseignant pourrait-il justifier cette intervention ?

Quels sont les risques éthiques de cette intervention ?

Que pourrait faire une enseignante ou un enseignant pour développer son éthique professionnelle à la suite de cette action ?

▶ *Troisième étape*

RETOUR EN GRAND GROUPE :

Discussion sur la nécessité d'une éthique professionnelle enseignante.

PARTIE

2

Les composantes de la pratique enseignante

Alors que la première partie de ce livre contient une présentation générale de l'*éthique, des raisons de son développement et de sa nécessité en enseignement, la seconde partie concerne spécifiquement la pratique enseignante. Elle porte sur ce que les enseignantes et enseignants font et la façon dont ils se représentent leur travail. De plus, plusieurs défis éthiques auxquels ils sont confrontés sont abordés. Le but poursuivi dans cette deuxième partie est de dégager le sens de la profession enseignante, pour contribuer à développer les compétences nécessaires à l'exercice des responsabilités éducatives avec *professionnalisme.

Pour ce cheminement, nous faisons appel aux travaux actuels en éducation et à notre expérience de la formation initiale et continue du personnel enseignant. De plus, nous nous référerons tout particulièrement aux résultats de la recherche subventionnée par le CRSH que nous avons menée en éthique appliquée avec G.A. Legault sur la crise d'identité professionnelle et le professionnalisme. Dans le cadre de cette recherche, nous avons réalisé une enquête auprès de 2236 enseignantes et enseignants du primaire et du secondaire du secteur public des diverses régions du Québec. Nous avons ainsi pu analyser la façon dont les enseignantes et enseignants perçoivent leur travail et leur rôle, c'est-à-dire leur *identité professionnelle, en leur posant des questions sur les composantes de leur intervention professionnelle.

Ces divers éléments sont successivement abordés dans cette partie du livre : les finalités éducatives (chapitre 5), les diverses conceptions de l'intervention (chapitre 6), celles de la relation pédagogique (chapitre 7), de la relation au *savoir (chapitre 8), des *valeurs (chapitre 9) et du rôle du personnel enseignant dans l'école (chapitre 10).

CHAPITRE

5

Les finalités éducatives

Intentions pédagogiques

Après avoir lu ce chapitre et discuté de son contenu, vous devriez être en mesure de :

- Percevoir l'enseignement comme une activité de formation à long terme ayant des visées particulières quant au développement des personnes ;

- Réfléchir au sens de l'éducation ;

- Connaître les trois missions de l'école retenues par le MEQ et chercher à les actualiser dans votre enseignement ;

- Concevoir l'enseignement comme un *service public qui comporte des exigences éthiques particulières.

Lorsqu'on parle de finalités éducatives, on veut comprendre *pourquoi*, c'est-à-dire pour quelles raisons, et *pour quoi*, c'est-à-dire dans quels buts ou en vue de quoi une société organise l'éducation de ses membres. Bien sûr, l'éducation familiale poursuit aussi certaines finalités, de même que l'éducation religieuse dans le cadre de regroupements religieux. Mais, ici, nous nous intéressons aux finalités éducatives poursuivies par l'école et actualisées grâce au travail quotidien du personnel enseignant auprès des élèves.

Au Québec, comme dans d'autres provinces canadiennes et d'autres pays industrialisés, près du quart des dépenses publiques est consacré au domaine de l'éducation. Cet investissement collectif montre toute l'importance que les sociétés accordent au développement de leurs membres par l'intermédiaire du travail du personnel enseignant dans les établissements d'éducation.

Une grande partie de l'éducation offerte dans le système éducatif consiste en une formation initiale. Cette formation initiale vise principalement des apprentissages et un développement de compétences qui vont favoriser l'intégration socioprofessionnelle des personnes. Cette formation est réalisée dans les différents niveaux du système : le préscolaire, le primaire, le secondaire général, le secondaire professionnel, l'éducation des adultes, le secteur préuniversitaire et le secteur professionnel et technique du cégep et l'université. Comme la formation initiale est une formation de base, elle est complétée en cours d'emploi par plusieurs types de formation continue.

5.1.   Les finalités de l'éducation au Québec

Les finalités éducatives sont des buts assez larges à réaliser à long terme grâce à l'éducation. Ainsi, tout système d'éducation comporte des finalités qui sont à la base de son organisation et de son fonctionnement. Qui définit ces grands buts ou ces orientations ? La définition des finalités de l'éducation est un enjeu social et éducatif très important. En effet, les finalités explicites d'un système éducatif résultent d'un consensus social au sujet d'éléments essentiels que l'école doit absolument développer. Ce consensus a varié selon les époques. Par exemple, un bref retour à notre histoire nous rappelle que les écoles du Canada français ont longtemps eu pour finalités de transmettre la religion catholique et la langue française. Avec le temps, la société a changé et les finalités éducatives de l'école ont changé avec elle. Le besoin de main-d'œuvre qualifiée lié à l'industrialisation et au développement économique du Québec après la Deuxième Guerre mondiale a créé une forte pression pour une organisation systématique de l'éducation. Ainsi, dans la foulée de la Révolution tranquille des années 1960, on assiste à la mise sur pied du système scolaire tel que nous le connaissons aujourd'hui. Son but principal, l'accès à l'éducation pour tous partout sur le territoire québécois, a aussi été appelé la démocratisation de l'éducation. En 1979, la politique éducative *L'école québécoise : énoncé de politique et plan d'action* vient, d'une part, apporter des précisions sur ce qui avait été amorcé dans les années 1960 et, d'autre part, mettre en place une nouvelle organisation des programmes d'études pour l'éducation préscolaire, l'enseignement au primaire et au secondaire.

Les programmes qui ont alors été créés et implantés partout au Québec, les programmes par objectifs, sont actuellement remplacés par les programmes par compétences issus de la réforme de l'école québécoise de l'an 2000. Dès le début des années 1990, on commence à remettre en question les objectifs de l'éducation scolaire tels qu'énoncés en 1979 : « Permettre aux enfants et aux adolescents de se développer selon leurs talents et leurs ressources personnelles, de s'épanouir comme personnes autonomes et créatrices et de se préparer à leur rôle de citoyen » (MEQ, 1979, p. 29). En 1994, le Rapport du groupe de travail sur les profils de formation au primaire et au secondaire, aussi connu comme Rapport Corbo, selon le nom de son président Claude Corbo, fait état du besoin de l'école de l'avenir de privilégier certains aspects essentiels : le développement intellectuel, le goût d'apprendre, l'introduction à la *culture, la préparation aux rôles sociaux de la vie adulte et la réussite des élèves. On commence à dire que le rôle de l'école est de développer des habiletés générales transférables et la capacité d'apprendre, et non uniquement l'ancrage du contenu disciplinaire des apprentissages. Mais ce sont véritablement les États généraux sur l'éducation de 1995 et 1996, vaste consultation publique, qui donneront le coup d'envoi aux grands changements que nous connaissons aujourd'hui avec la réforme de l'éducation.

Dans les documents officiels qui balisent la réforme, on a choisi de mettre en relief les finalités de l'éducation en spécifiant la mission de l'école. Cette mission se définit en trois verbes d'action : instruire, *socialiser et *qualifier. De plus, dans les domaines d'enseignement, on met en valeur les finalités de l'apprentissage des différentes disciplines.

5.2.   Le sens et l'orientation de l'intervention éducative

Les finalités éducatives donnent un sens à l'école, aux différents apprentissages scolaires à réaliser et à l'intervention éducative. Prenons l'exemple de l'apprentissage de la lecture. On peut considérer que les premières années du primaire ont pour but de développer la compétence particulière qu'est le décodage des textes nécessaire à la lecture. Mais si l'apprentissage de la lecture est important, c'est parce qu'il permet tous les autres apprentissages scolaires qui, eux, devraient aider les élèves à devenir plus conscients du monde qui les entoure, à mieux le comprendre, à s'ouvrir à la culture, à faire des choix personnels éclairés. Cet exemple montre que la finalité éducative de l'apprentissage de la lecture dépasse de beaucoup la lecture pour elle-même ; il en est de même pour tous les apprentissages scolaires. C'est ainsi que la compétence professionnelle en enseignement ne se limite pas à savoir comment enseigner tel ou tel contenu, mais surtout à savoir pourquoi ou dans quels buts on l'enseigne.

Quand on dit qu'une finalité éducative donne un sens aux interventions éducatives, cela veut dire qu'elle les justifie, puisque c'est pour s'en approcher qu'ont lieu les interventions. Pour reprendre notre exemple de la lecture, que peut répondre une enseignante à un élève qui lui demande pourquoi il faut apprendre à lire à l'école ? L'enseignante ne peut lui répondre que si elle a préalablement réfléchi à la question et qu'elle connaît les raisons de l'enseignement et de l'apprentissage de la lecture. Sinon, elle ne pourra que s'appuyer sur le Programme de formation de l'école québécoise du MEQ pour dire que c'est obligatoire. Or, un enseignant professionnel ne peut se contenter de suivre un programme sans comprendre pour quelles raisons il le fait.

La seule façon de répondre à la question du « Pourquoi ? » posée par un élève ou par toute autre personne est de replacer cette question dans le contexte plus large du sens de l'éducation. Se pencher sur les finalités éducatives, c'est réfléchir au sens de l'éducation, à sa direction ou son orientation à long terme. Voilà pourquoi la question des finalités éducatives a souvent été analysée par les philosophes de l'éducation. Reboul (1992), par exemple, écrit que l'éducation a pour mission de former des personnes, de les développer, de les améliorer. Pour Jacquard (1996), c'est l'intégration de la personne dans la communauté humaine par l'accès au patrimoine de l'humanité. Beaucoup d'autres penseurs ont écrit des choses intéressantes sur l'éducation ou ce qu'elle devrait être.

Ce qu'on doit retenir, cependant, c'est que la simple connaissance des finalités du système éducatif et de l'enseignement des matières est insuffisante pour l'intervention. Chaque enseignante, chaque enseignant doit y réfléchir pour que ces finalités aient du sens pour elle-même ou pour lui-même et qu'elles orientent ses interventions. C'est lorsque la personne les précise pour elle-même qu'elle comprend véritablement ce que signifie enseigner. Quoique cette réflexion puisse paraître bien théorique ou même inutile, elle a pourtant des répercussions considérables sur les élèves. Plus on comprend le sens de nos interventions, plus on est à même d'amener nos élèves à comprendre le sens de leurs apprentissages. En ce moment d'ailleurs, on parle beaucoup d'apprentissage significatif ou signifiant pour les élèves, mais il ne faut pas oublier que l'enseignement doit d'abord être significatif pour les enseignantes et enseignants qui le mettent en œuvre.

On a vu qu'une finalité éducative donne une orientation aux interventions éducatives, une direction générale à laquelle on se réfère pour poser des gestes particuliers. Par exemple, pour faire de la bicyclette, il faut se tenir en selle, pédaler, regarder devant la roue. Mais il faut aussi regarder plus loin sur la route pour savoir où aller, sinon au moindre petit caillou sur la route, c'est la chute.

L'intervention éducative comporte elle aussi des gestes particuliers en vue d'une fin plus générale qu'il faut garder à l'esprit, sinon on se perd dans les détails quotidiens et on ne sait plus pour quelles raisons on intervient. Prenons l'exemple de l'enseignement de l'anglais aux élèves francophones. Il peut prendre une orientation pratique : on apprend l'anglais surtout pour communiquer et voyager. Il peut aussi prendre une orientation *culturelle qui permet de lire des textes, d'écouter des chansons ou de visionner des films en anglais. Ainsi, chacune de ces orientations générales va comporter des buts particuliers et amener à mettre en œuvre certaines méthodes pédagogiques. L'orientation pratique met l'accent sur la communication orale et le vocabulaire de la vie quotidienne alors que l'orientation culturelle insiste davantage sur l'apprentissage de la langue par l'écriture, la lecture et la syntaxe.

Les finalités de formation possèdent donc une fonction d'orientation générale qui détermine une grande partie du contenu et des méthodes d'enseignement-apprentissage. C'est pourquoi il est essentiel que les enseignants connaissent les finalités éducatives relatives aux disciplines enseignées ou à leur niveau d'enseignement ; cela fait partie de leur compétence professionnelle.

Un consensus social fournit les grands repères que constituent les finalités de l'éducation qui se trouvent dans la documentation ministérielle et les programmes d'études. Chaque enseignante, chaque enseignant est donc directement concerné par les finalités éducatives, car elles donnent sens à son intervention professionnelle. Dans la mesure où les enseignantes et enseignants travaillent dans un système éducatif qui poursuit des finalités particulières qui orientent le sens du développement des élèves, ils doivent respecter les finalités éducatives de l'école dans leurs interventions professionnelles. Ils ne sont pas totalement libres de choisir les finalités, les buts ou les contenus d'enseignement de façon individuelle, selon leur bon plaisir, leurs préférences ou leurs goûts particuliers.

5.3.   L'enseignement, une profession ou une technique ?

Nous avons vu qu'avec la réforme des années 2000, le personnel enseignant doit assumer des responsabilités professionnelles plus importantes qu'auparavant. On le considère de plus en plus comme un personnel professionnel. Il faut maintenant reprendre un peu ce terme de professionnel pour voir comment la professionnalisation est liée aux finalités éducatives. Un professionnel se caractérise par sa compétence, son autonomie et sa responsabilité. Ainsi, une enseignante ou un enseignant peut choisir, par exemple, un exercice particulier, un travail individuel ou de groupe, un texte écrit ou une présentation orale, selon les besoins. Cependant, ce choix doit toujours être fondé sur des connaissances précises : celles de la matière, de l'élève, des méthodes et des instruments disponibles. Un choix professionnel n'est donc pas attribuable au hasard, à la facilité, à la mode ou au caprice individuel. De plus, il doit pouvoir être justifié d'abord auprès de l'élève, ensuite auprès des parents, des collègues ou de la direction de l'école. Ainsi, l'enseignant professionnel doit être capable de décider des interventions à mettre en œuvre pour permettre à ses élèves d'atteindre les finalités éducatives prévues par le système scolaire. Il doit pouvoir expliquer pour quelles raisons il a choisi telle méthode plutôt qu'une autre, tel moyen plutôt que tel autre et appuyer ses arguments en fonction de l'orientation et du sens de ses interventions. Il doit savoir ce qu'il fait et pourquoi il le fait.

L'approche professionnelle de l'enseignement mise de l'avant par la réforme incite le personnel enseignant à utiliser ses connaissances et ses techniques d'intervention en gardant à l'esprit les finalités éducatives générales liées à la mission sociale de l'école. Cette approche compte sur l'autonomie des enseignantes et enseignants, sur leur *jugement professionnel qui leur permet de choisir le type d'intervention nécessaire à chaque situation singulière, selon ses caractéristiques propres. Mais, en contrepartie, cette approche exige qu'ils soient conscients et responsables de leurs choix, qu'ils puissent les expliquer et les justifier. Rappelons-nous qu'un des aspects de la compétence éthique est de pouvoir « justifier, auprès des publics intéressés, ses décisions relativement à l'apprentissage et à l'éducation des élèves. » (MEQ, 2001a, p. 133).

À l'opposé de cette approche professionnelle, il existe une approche technique de l'enseignement selon laquelle l'acquisition de techniques et de méthodes d'enseignement suffit pour enseigner. Il s'agit alors de savoir comment faire et d'appliquer la bonne recette au bon moment. Quelqu'un qui enseigne comme un technicien possède peu d'autonomie pour choisir ses moyens d'intervention. La plupart du temps, il exécute des décisions prises par d'autres, par exemple, les maisons d'édition qui élaborent des manuels scolaires, les directions d'école ou les parents. Une telle approche technique ne suffit pas pour répondre aux exigences actuelles de l'enseignement où les classes sont *hétérogènes et très diversifiées. En fait, le personnel enseignant ne peut se contenter d'appliquer des recettes toutes faites ou une approche technique de l'enseignement. Les enseignantes et enseignants sont plutôt appelés à agir en professionnels de l'enseignement et ils le font dans des situations éducatives complexes. Voilà la raison pour laquelle on leur demande bien davantage qu'à des techniciens.

Nous allons voir maintenant que la société attend encore plus des enseignantes et enseignants que le fait… d'enseigner. Elle s'attend d'eux qu'ils participent à l'éducation des élèves. C'est d'ailleurs la raison pour laquelle, depuis le début de ce chapitre, nous traitons de finalités de l'éducation et pas uniquement de finalités de l'enseignement.

5.4. Les trois missions de l'école et le rôle social du personnel enseignant

Nous avons vu que les autorités éducatives déterminent les finalités de l'école selon l'état et les besoins de la société. Ces finalités sont généralement présentées au début des programmes auxquels elles donnent un sens et une orientation générale. Ainsi, dans son énoncé de politique de 1997, *L'école tout un programme*, le ministère de l'Éducation présente les finalités du système de scolarité obligatoire sous forme de trois missions de l'école : instruire, socialiser et qualifier les élèves. Le terme de mission n'est pas choisi au hasard. Il donne un sens presque sacré à l'école et montre que la réalisation de ces missions ne peut avoir lieu sans un engagement professionnel du personnel enseignant. Les versions du Programme de formation de l'école québécoise qui s'adressent au préscolaire, au primaire et au secondaire reprennent ces trois missions en les spécifiant chaque fois, compte tenu du niveau d'enseignement auquel elles sont spécialement destinées.

5.4.1. Instruire

La première mission de l'école est de transmettre et de faire acquérir des connaissances. Au préscolaire et au primaire, il s'agit de connaissances de base essentielles pour continuer à apprendre. Ces connaissances vont se diversifier et devenir plus complexes au secondaire. Dès le primaire, cependant, on rappelle que ce qui compte, c'est la formation de l'esprit des élèves autant que la maîtrise des savoirs. En plus, au secondaire, les élèves doivent être amenés à aller chercher des connaissances par eux-mêmes, aussi bien dans l'école qu'à l'extérieur.

Cette mission de l'école est bien connue : on va à l'école pour apprendre des contenus et le personnel enseignant est là pour encadrer cet apprentissage. Ainsi, quand on se perçoit comme une enseignante professionnelle ou un enseignant professionnel, on va tout mettre en œuvre pour favoriser l'accès aux connaissances chez les élèves et pour développer leur esprit critique. Cela implique qu'on maîtrise soi-même un certain nombre de connaissances et qu'on se tient au courant du développement de celles-ci. Cela implique aussi qu'on se considère comme un « *passeur culturel », qu'on croit au pouvoir de l'école de donner à tous l'accès aux connaissances essentielles, qu'on croit aussi que les jeunes peuvent apprendre.

5.4.2. Socialiser

La deuxième mission de l'école est de socialiser les élèves, de leur apprendre à vivre avec les autres, à respecter des *valeurs communes, à développer un sentiment d'appartenance, à être solidaires. Dans ce cas, l'école est considérée comme une microsociété dont l'apprentissage des règles favorisera l'insertion dans la société plus large. Il s'agit d'apprendre à mieux vivre ensemble en même temps qu'on s'approprie les connaissances prévues dans les programmes. Cet apprentissage vise à préparer les jeunes à devenir des citoyens responsables dans la société démocratique qu'est le Québec. On voit ici que la finalité est nettement sociale.

C'est ainsi que l'école a pour mission de former des personnes, de les aider à développer des valeurs comme le respect, des comportements comme la communication appropriée selon les circonstances et pas seulement d'apprendre des contenus notionnels. La socialisation est fondamentalement un apprentissage de la citoyenneté et une préparation à la vie partagée avec les autres dans un espace commun. C'est la raison pour laquelle la réforme a fait du vivre-ensemble et de la citoyenneté un domaine général de formation.

Année après année, les rentrées des classes montrent que les Canadiens souhaitent que le respect des autres soit transmis à l'école en priorité aux enfants, les leurs et ceux des autres. Le respect est d'ailleurs une valeur très présente dans les discours du personnel enseignant et administratif lorsqu'on parle de préparer les jeunes à vivre dans la société. Alors qu'au niveau préscolaire la socialisation constitue essentiellement un apprentissage de la vie avec les autres, au primaire elle se fait en même temps que l'apprentissage de notions nouvelles. Au secondaire, la socialisation vise, en plus, à rendre les élèves davantage conscients et respectueux des différences individuelles de façon à éviter le rejet des personnes qui paraissent marginales. Le personnel enseignant professionnel doit tout faire pour que cette socialisation ait lieu d'abord dans la salle de classe et ensuite dans l'école. Ce n'est pas en ajoutant de nouvelles connaissances qu'il le fait, mais en organisant l'enseignement de façon que les élèves respectent les consignes, s'écoutent mutuellement, travaillent en équipes, participent à des discussions, s'impliquent dans l'école et en dehors de ses murs, dans la communauté. L'apprentissage coopératif est un exemple de stratégie d'enseignement qui vise le développement intellectuel tout en apprenant à travailler ensemble dans des groupes hétérogènes.

5.4.3. Qualifier

La troisième mission de l'école est de qualifier les jeunes selon des voies qui correspondent à leurs intérêts et à leurs aptitudes. En raison des besoins différents des élèves, il n'y a pas qu'un seul modèle de formation scolaire de même qu'il n'y a pas qu'une seule voie de réussite dans l'école. Le système scolaire propose à tous les élèves des notions de base qui leur permettent de continuer leur scolarité au-delà du secondaire et il propose aussi des formations professionnelles au secondaire. La mission de la qualification suppose, en effet, une préparation à l'emploi à court terme ou à moyen terme. Cela implique que les écoles proposent différents cheminements de formation pour correspondre aux besoins et aux capacités de tous les jeunes de façon qu'aucune personne ne soit exclue du système scolaire. Cette mission apparaît sans doute de manière évidente comme étant du ressort du secondaire, mais il faut savoir qu'au primaire et au secondaire, elle vise à développer les aptitudes nécessaires pour réussir le parcours scolaire, quelle que soit la situation particulière de l'élève, ainsi qu'à faire des liens entre l'école et la vie en société. Un personnel enseignant professionnel a la responsabilité d'aider les élèves à s'orienter vers des voies qui leur permettent des apprentissages réels et une intégration sociale future grâce à un emploi. Il doit veiller à adapter les interventions aux divers types d'élèves, sans exclure personne. Il doit aussi être attentif à toutes les formes de rejet dont pourraient être victimes des élèves, qu'ils présentent ou non des différences, de quelque nature que ce soit.

L'école québécoise confie donc à son personnel enseignant le mandat d'instruire, de socialiser et de qualifier les élèves. Elle s'attend à ce que les enseignantes et enseignants fassent tout ce qui est en leur pouvoir pour réaliser ces trois missions, dans tous leurs gestes quotidiens, des plus petits aux plus grandioses. C'est dire à quel point le rôle d'éduquer est important dans la société.

5.5. Vers une éthique du service public dans l'enseignement

La profession enseignante s'exerce dans un domaine qui est de la plus haute importance pour la société : l'école participe à la formation des futurs adultes, des citoyens de demain. Si le gouvernement prend des décisions pour orienter cette formation, c'est parce que la société future dépend largement des conséquences de ces décisions. Par exemple, avec la création des cégeps en 1967, un grand nombre de jeunes des régions ont pu continuer leurs études après le secondaire et obtenir un diplôme technique ou général pour aller ensuite à l'université. Le nombre de techniciens et de diplômés universitaires québécois a considérablement augmenté, ce qui était essentiel pour le développement de la société. C'est pourquoi, même si un individu fait ses études en vue d'un diplôme qui reconnaît ses compétences, l'éducation n'appartient à personne en particulier. Elle est une richesse collective à développer, autrement dit un *bien public partagé entre tous les citoyens. On devrait même dire que c'est un bien précieux, essentiel à la société. Le personnel enseignant partage la responsabilité du *service public qu'est l'école avec d'autres professionnels comme les infirmières scolaires ou les psychologues scolaires, par exemple, ainsi que les administrateurs scolaires aux niveaux local, régional et national. Toutes ces personnes travaillent au service public qu'est le système scolaire. Elles sont toutes responsables du fonctionnement de ce système et elles sont toutes concernées par les finalités éducatives de l'école. Mais, parmi ces personnes, les enseignantes et enseignants sont les premiers concernés parce qu'ils interviennent directement auprès des jeunes et que les conséquences de leurs interventions auprès de ces derniers sont déterminantes. Il est donc de leur devoir professionnel de travailler dans le sens des finalités visées par le système scolaire. La mission de l'école donne sens à leur travail ; elle se trouve donc au fondement de leur éthique professionnelle.

En somme, la profession enseignante n'est pas n'importe quelle profession. C'est une profession largement encadrée et reconnue par la société. Les enseignantes et enseignants ont une influence marquante sur les jeunes qu'ils instruisent, socialisent, qualifient selon le mandat qu'ils ont reçu du MEQ. Ils ne font pas qu'enseigner au sens de transmettre des connaissances, mais en plus ils forment les jeunes d'aujourd'hui et les adultes de demain. En leur demandant de devenir de plus en plus professionnels, la société reconnaît leur importance et les exigences de leur fonction. Elle s'attend à ce qu'ils soient conscients de l'importance de leur travail auprès des jeunes et qu'ils s'engagent pour le développement des jeunes et celui de la société tout entière. En un mot, elle s'attend à ce qu'ils agissent comme des professionnels responsables.

■ QUESTIONS DE COMPRÉHENSION ET DE RÉFLEXION

1. Relevez les diverses finalités éducatives présentées dans ce chapitre. Laquelle correspond le mieux à votre conception de l'éducation ?

2   Que signifie être enseignante ou enseignant pour vous ? Comment présenteriez-vous votre profession à une personne que vous venez de rencontrer ?

3. Quelles différences existe-t-il entre éduquer et enseigner ? Vous considérez-vous plus près du pôle enseignement ou du pôle éducation ? Pourquoi ? Comment cela touche-t-il le sens de votre travail au quotidien ?

4. Quelles sont les caractéristiques d'un professionnel dégagées dans ce chapitre ? Expliquez-les.

5. Dans votre expérience de l'enseignement, donnez un exemple d'intervention visant à instruire, un autre visant à socialiser et un dernier visant à qualifier les élèves.

6. Si l'école est un bien public, voyez-vous d'autres biens publics dans notre société ? Qu'est-ce que la notion de bien public signifie pour les interventions des personnes qui travaillent dans ces domaines ?

■ ATELIERS

ATELIER 1.
TRAVAIL EN ÉQUIPE: À QUOI ÇA SERT D'ALLER À L'ÉCOLE?

▶ *Première étape*

Diviser la classe en équipes de quatre personnes.

▶ *Deuxième étape*

Dans chaque équipe, choisir ou tirer au sort les personnes qui joueront l'un ou l'autre des quatre rôles suivants: un élève de douze ans, son père, sa mère, la directrice de l'école où il doit entrer en première année du secondaire. L'enjeu de la situation est de répondre au refus de l'élève d'aller à l'école, parce que pour lui, «L'école, ça sert à rien!», en lui expliquant les finalités de l'éducation.

▶ *Troisième étape*

Faire un retour en grand groupe sur les situations et les arguments dégagés.

ATELIER 2.
TRAVAIL EN ÉQUIPE: UN TEXTE À LIRE À L'ÉCOLE

▶ *Première étape*

Diviser la classe en plusieurs équipes.

▶ *Deuxième étape*

À l'intérieur de chacune des équipes, une personne est chargée de se concentrer sur la mission d'instruction de l'école, une autre sur celle de la socialisation et une autre sur celle de la qualification.

Chaque équipe assume la responsabilité d'examiner comment une enseignante ou un enseignant qui donne un texte à lire à ses élèves peut se préoccuper des trois missions de l'école. Quelles sont les mesures concrètes mises en œuvre? Pour quelles raisons?

▶ *Troisième étape*

Mettre ces solutions en commun et en discuter avec la classe.

CHAPITRE

6

L'intervention professionnelle enseignante

| Intentions pédagogiques |

Après avoir lu ce chapitre et discuté de son contenu, vous devriez être en mesure de :

- Relier l'intervention professionnelle du personnel enseignant aux finalités du système scolaire ;

- Connaître les enjeux éthiques des divers types d'interventions professionnelles en enseignement ;

- Reconnaître que les enseignantes et enseignants ont un pouvoir et un devoir d'intervenir auprès des élèves ;

- Considérer les risques liés au pouvoir d'intervenir du personnel enseignant.

Nous avons vu, dans le chapitre précédent, que la société attend de ses enseignantes et enseignants qu'ils participent activement à la formation des jeunes par leurs interventions visant à les instruire, à les *socialiser et à les *qualifier. Nous allons envisager maintenant comment cette fonction sociale importante peut être assumée le mieux possible en nous fondant sur l'*éthique dans le domaine de l'enseignement

(Desaulniers, 2000) et sur la conception professionnelle de l'enseignement inscrite dans la réforme de l'éducation. Il devrait se dégager de tout cela que la professionnalisation de la fonction enseignante entraîne nécessairement le développement d'une éthique professionnelle explicite et partagée par les membres du corps enseignant.

6.1.   Des interventions liées à des finalités

Le travail d'intervention du personnel enseignant est considéré comme un travail important pour le devenir ou l'avenir des personnes qui se trouvent sous leur responsabilité. Les effets de ce travail professionnel se font non seulement sentir au quotidien dans la classe, mais aussi à long terme. Les enseignantes et enseignants assurent le relais entre l'éducation familiale et l'insertion socioprofesionnelle des jeunes : ils contribuent à un développement graduel de la personne vers l'autonomie de la vie adulte – ce qui est l'une des grandes finalités de l'éducation. Leur intervention peut faire la différence dans l'apprentissage des jeunes et même dans leur vie. Chacun peut se souvenir, en effet, d'une enseignante ou d'un enseignant qui l'a marqué profondément, par exemple, en lui ouvrant la porte vers un domaine nouveau ou en lui donnant confiance en soi. Malheureusement, le contraire arrive aussi. De nombreuses personnes se souviennent d'une enseignante ou d'un enseignant qui les a humiliées, blâmées ou punies injustement, ridiculisées, fait souffrir. En éthique professionnelle, on insiste sur le fait que les professionnels ont un pouvoir d'intervenir sur les personnes et que ce pouvoir ne doit pas être exercé par n'importe qui ou n'importe comment sans penser aux conséquences des gestes posés.

En général, l'éthique vise à protéger les personnes qui ont recours aux services des professionnels ou qui sont vulnérables à cause de l'inégalité de la relation. Parmi ces personnes se trouvent les enfants et les adolescents qui ont besoin des adultes pour grandir. Il faut ajouter que les jeunes ne sont pas seulement vulnérables en raison de leur âge, mais aussi en raison de leur situation d'élèves. Ils sont dépendants du personnel enseignant pour apprendre, pour réaliser des activités d'apprentissage, pour être évalués et pour progresser dans leur parcours scolaire. De plus, ils forment une clientèle captive pendant toute la durée de leur scolarité obligatoire. Pour toutes ces raisons, les jeunes se trouvent dans une situation de dépendance par rapport au personnel enseignant. Cette situation ne leur est pas toujours facile à vivre et elle comporte certains risques éthiques que nous allons examiner dans ce chapitre et dans le chapitre suivant consacré à la relation pédagogique.

Comme nous l'avons vu au chapitre précédent, les enseignantes et enseignants interviennent en vue d'actualiser certaines finalités déterminées par le ministère de l'Éducation. Ces finalités, qui donnent un sens à leurs interventions, permettent aussi de distinguer le rôle spécifique du personnel enseignant de celui des autres adultes qui ont un contact significatif avec les jeunes. Les enseignantes et enseignants interviennent pour instruire, socialiser et qualifier : c'est leur rôle spécifique. Leurs interventions sont différentes de celles des animateurs de loisirs qui favorisent le jeu et le divertissement ou de celles des entraîneurs sportifs dont l'objectif est l'excellence dans un sport, par exemple.

Bien que leurs talents et leurs goûts personnels colorent inévitablement leur travail, les enseignantes et enseignants ne peuvent déterminer à eux seuls le sens de leurs interventions professionnelles. Un enseignant professionnel ne peut intervenir en se fondant uniquement sur ses goûts personnels ou ses intérêts du moment, car ses interventions seraient alors totalement *arbitraires et non professionnelles. Il ne peut pas non plus intervenir au nom de ses convictions politiques, morales ou religieuses. Mais, dans le cas de la religion, la *Loi sur l'instruction publique* lui reconnaît le droit de refuser d'enseigner l'enseignement moral et religieux d'une confession pour motif de liberté de conscience à condition d'en faire la demande par écrit dans les délais prescrits. Il a le droit de ne pas intervenir, mais pas celui d'intervenir à contresens des orientations éducatives ou *didactiques. Les motifs acceptables à la base des interventions des professionnels de l'enseignement doivent être reliés aux finalités de l'école et de la profession enseignante ainsi qu'aux finalités de l'enseignement des matières scolaires et du développement de la personne.

6.2.   Les types d'interventions enseignantes

Dans leurs interventions, les enseignantes et enseignants posent des actes très diversifiés : ils parlent, écoutent, choisissent, organisent, donnent des explications, soutiennent, encadrent, évaluent, travaillent en équipe, etc. La liste des différents gestes qui composent leurs interventions professionnelles est très longue et serait probablement impossible à compléter, car le travail auprès de personnes en développement demande la capacité de composer avec toutes sortes de circonstances et d'imprévus. On ne peut donc pas parler d'un nombre déterminé de problèmes à résoudre ou de situations rencontrées. On peut cependant regrouper les gestes professionnels du personnel enseignant dans trois types généraux d'interventions : les interventions techniques, les interventions *cliniques et les interventions relatives au *savoir. Chaque type d'intervention comporte ses propres exigences éthiques.

6.2.1.   Les interventions techniques

Par interventions techniques, on entend tout ce qui concerne l'organisation, l'aide et l'encadrement de l'apprentissage que les enseignantes et enseignants mettent en place auprès des élèves. Par exemple, dans notre enquête, ils disent motiver, orienter, documenter, organiser, planifier et soutenir. Dans tous ces cas, les enseignantes et enseignants se définissent comme des soutiens, des facilitateurs, des guides. Ils fournissent un support technique à l'élève qui apprend. La majorité des personnes interrogées dans notre enquête partagent cette conception de l'intervention où l'enseignante et l'enseignant travaillent côte à côte avec l'élève, se mettent à sa disposition pour l'aider à apprendre (Jutras, Joly, Legault et Desaulniers, à paraître). Au point de vue éthique, ce type d'intervention suppose que les enseignantes et enseignants sont disponibles et attentifs aux besoins des élèves, qu'ils connaissent un vaste répertoire de moyens pédagogiques et qu'ils sont capables de les utiliser en classe de manière adéquate, voire optimale. On parlera alors d'une boîte à outils professionnels. Une enseignante ou un enseignant limité à quelques moyens ne peut remplir ce rôle correctement. Ce type d'intervention technique exige une mise à jour continue dans le développement de moyens pédagogiques innovateurs comme le multimédia ou l'enseignement assisté par ordinateur ainsi que des stratégies d'enseignement qui permettent des apprentissages de niveau adéquat. La formation continue est incontournable pour maintenir les compétences dans le domaine des interventions techniques. Les connaissances sur les processus d'apprentissage, de traitement de l'information et sur les divers moyens de les optimiser sont en constante évolution.

6.2.2. Les interventions cliniques

En général, les interventions cliniques visent à soigner des personnes qui ont un problème ou une maladie. Les médecins, comme les psychologues, par exemple, font des interventions cliniques. L'intervention clinique repose sur un raisonnement appuyé par une démarche spécifique. La première étape est l'observation des signes de la maladie physique ou mentale chez la personne qui souffre. Puis vient la formulation d'une ou de plusieurs hypothèses de diagnostic que des examens viendront infirmer ou confirmer. L'étape suivante est le diagnostic qui identifie précisément le problème. À partir de celui-ci, on propose alors un remède ou un plan de traitement pour soigner la personne. Il faut aussi évaluer les effets du traitement et recommencer la démarche autant de fois qu'il est nécessaire.

Les interventions cliniques du personnel enseignant portent sur les difficultés rencontrées par les élèves dans leurs apprentissages à l'école. Comme les professionnels de la santé, les enseignantes et enseignants doivent observer les élèves, repérer leurs difficultés, identifier le problème et proposer des solutions pour les aider à réussir leurs apprentissages et leur parcours scolaire. Mais, à la différence des médecins, les enseignantes et enseignants font des interventions sur des petits groupes et sur des groupes-classes, en plus d'intervenir individuellement auprès de tel ou telle élève. L'enseignement stratégique et la pédagogie différenciée proposés par la réforme de l'éducation constituent des formes d'interventions cliniques qui demandent aux enseignantes et enseignants d'exercer leur jugement, de prendre des décisions sur des modalités d'action, de les mettre en œuvre, d'évaluer leurs effets et de les expliquer aux personnes concernées, exactement comme un médecin qui décèle un problème de santé propose un médicament ou un plan de traitement et l'explique à son malade.

Bien sûr, les élèves ne sont pas des malades et les enseignantes et enseignants ne sont pas des médecins. Mais l'intervention clinique est essentielle dans le contexte de la réforme, elle n'est pas optionnelle. Leur rôle est précisément de soutenir et d'accompagner le développement des compétences de chaque élève. Cela veut dire qu'ils doivent poser des gestes spécifiques aux besoins différents de chacun des élèves, de chacun des groupes d'élèves.

Au point de vue éthique, le personnel enseignant doit apprendre à maîtriser ce type d'intervention clinique qui lui donne une assez grande latitude et beaucoup de responsabilités, mais qui peut entraîner une certaine insécurité. Les enseignantes et enseignants qui ont répondu à notre enquête sont plus nombreux au préscolaire et au primaire qu'au secondaire à privilégier ce type d'intervention. Cela est sans doute attribuable, en partie, au fait que la réforme est implantée depuis 2000 à cet ordre d'enseignement et que, comme généralistes, ils sont en contact toute la journée avec le même groupe d'élèves qu'ils connaissent forcément beaucoup mieux que les spécialistes au secondaire avec leur grand nombre d'élèves vus chaque jour. Cependant, le développement des compétences relatives aux interventions cliniques est au cœur du mouvement de professionnalisation de l'enseignement et concerne toutes les enseignantes et tous les enseignants.

6.2.3. Les interventions relatives au savoir

Alors que les interventions techniques et cliniques sont centrées sur les élèves, les interventions relatives au savoir sont centrées sur la matière à faire acquérir par les élèves, c'est-à-dire sur le contenu notionnel des connaissances inscrites dans les programmes. Bien que ces connaissances puissent être mises en relation avec les connaissances développées et enseignées dans les institutions d'enseignement supérieur que sont les universités, elles doivent être contextualisées au niveau d'enseignement auquel elles sont destinées.

Pour beaucoup de personnes, l'idée d'intervention relative au savoir renvoie à l'enseignement traditionnel qui vise à « passer la matière » par un exposé formel ou informel devant une classe. Bien qu'elles ne soient pas beaucoup mises en relief par la réforme, les interventions relatives au savoir existent toujours, par exemple, quand on fait un exposé, qu'on explique un schéma sur une affiche, qu'on lit et commente un texte, qu'on donne un exemple, qu'on résout un problème mathématique au tableau, qu'on fait une démonstration scientifique. Dans notre enquête, les enseignantes et enseignants se définissent peu par ce type d'intervention qui a peut-être mauvaise réputation à cause du cours magistral traditionnel qu'on a délaissé depuis longtemps au profit des méthodes actives.

Au point de vue éthique, la maîtrise du contenu des disciplines d'enseignement et de leurs aspects didactiques est essentielle aux interventions relatives au savoir. Ces interventions exigent de solides connaissances, une capacité de les organiser de manière claire et cohérente et une maîtrise suffisante du français oral pour les présenter de façon adéquate aux élèves. Les interventions relatives au savoir visent généralement tous les élèves auxquels elles présentent le même contenu en même temps, mais elles peuvent aussi s'adresser à de petits groupes et aux individus.

Les trois types d'interventions professionnelles que nous avons présentés répondent à des besoins différents et comportent des exigences éthiques particulières. Mais, pour que ces interventions puissent avoir lieu et porter fruit, il faut que le fonctionnement et l'ambiance de la classe le permettent. Une classe très bruyante, violente, agitée ne permet pas d'intervenir professionnellement. Il faut alors penser à l'amélioration de la gestion de classe afin d'organiser l'environnement pour apprendre. Cela peut être fait, par exemple, en instituant un conseil de coopération ou en mettant en place un code de vie. Une bonne ambiance de classe s'avère absolument nécessaire pour que les interventions professionnelles des enseignantes et enseignants puissent avoir lieu et donner les résultats attendus ainsi que pour apprendre aux élèves à travailler et à vivre ensemble. Le contrôle du groupe fait partie du travail enseignant. Mais, il faut toujours se rappeler que l'ordre et le calme, qui seront toujours relatifs dans une salle de classe, ne sont pas des fins en soi, mais plutôt des moyens pour favoriser le travail et l'apprentissage des élèves.

6.3.   Le pouvoir d'intervenir et sa gestion responsable

Les enseignantes et enseignants interviennent de façon profession-nelle auprès des jeunes, en vertu du mandat qui leur est confié par la société. En intervenant, ils exercent un certain pouvoir sur les jeunes et celui-ci est tout à fait *légitime dans la mesure où il vise les finalités de l'école et permet d'apprendre. La *Loi sur l'instruction publique* est très claire à ce sujet. À l'article 19, elle indique d'ailleurs, comme nous l'avons déjà vu, parmi les droits des enseignants, celui de diriger les élèves : « Dans le cadre du projet éducatif de l'école et des dispositions de la présente loi, l'enseignant a le droit de diriger la conduite de chaque groupe qui lui est confié. » Et tout de suite après, à l'article 22, la loi indique les responsabilités de l'enseignant, car à tout pouvoir correspond une responsabilité équivalente. Ainsi, plus on a de pouvoir, plus on a de responsabilités. Or, nous avons vu au premier chapitre que l'éthique est là pour permettre aux personnes d'utiliser le pouvoir qu'elles ont en vertu de leurs connaissances ou de leurs fonctions, de façon respectueuse des personnes.

Responsabilités de l'enseignant :

L'enseignant a notamment le droit :

de prendre les modalités d'intervention pédagogique qui correspondent aux besoins et aux objectifs fixés pour chaque groupe ou chaque élève qui lui est confié ;

de choisir les instruments d'évaluation des élèves qui lui sont confiés afin de mesurer et d'évaluer constamment et périodiquement les besoins et l'atteinte des objectifs par rapport à chacun des élèves qui lui sont confiés en se basant sur les progrès réalisés.

Le personnel enseignant exerce sa responsabilité éducative envers les élèves en classe et en dehors de la classe, par exemple, dans le cadre de projets de groupes interclasses ou dans des projets plus larges à l'école. Cette responsabilité se manifeste toujours en trois phases : la planification de l'intervention, l'intervention elle-même et l'évaluation de l'intervention. Les deux premières phases sont habituellement clairement présentes à l'esprit des enseignantes et enseignants puisqu'elles constituent le cœur de l'intervention professionnelle. Mais il ne faut pas négliger la troisième phase qui consiste à faire un retour sur l'intervention.

En ce qui concerne l'évaluation de l'intervention, on doit prendre deux aspects en considération. Le premier aspect a trait à l'évaluation que font les enseignantes et enseignants de la démarche d'intervention qu'ils ont réalisée ou, autrement dit, de la mise en œuvre de leurs gestes professionnels. Il s'agit là d'un retour réflexif sur l'action en vue de comprendre ce qui a bien fonctionné et d'améliorer ce qui a besoin de l'être. Le second aspect concerne l'évaluation des apprentissages réalisés ou du développement des compétences de l'élève. Porter un jugement évaluatif sur le degré de développement des compétences de chaque élève veut dire que l'évaluation est celle d'un cheminement, d'un processus, et non d'un résultat, d'un produit. (Jutras, Desaulniers et Legault, 2003). Évaluer les apprentissages est un geste professionnel très important dont les conséquences sont nombreuses pour l'élève. Il est donc de la responsabilité du personnel enseignant de faire l'évaluation de la façon la plus rigoureuse possible pour informer l'élève et ses parents sur sa progression et pour décider des moyens pédagogiques à prendre afin de l'aider dans son cheminement.

Il est important de noter que l'éthique professionnelle exige des enseignantes et enseignants qu'ils puissent expliquer et justifier leurs interventions aux principaux intéressés, c'est-à-dire aux élèves, à leurs parents, ainsi qu'à leurs collègues et à la direction de l'école. Une intervention pédagogique ne doit jamais être arbitraire. Devant la difficulté d'intervenir, il peut être tentant de remettre à demain, de déléguer à quelqu'un d'autre ses responsabilités, de ne pas agir. Cela s'appelle de la négligence et parfois même une faute professionnelle. Car, dans ce cas, les élèves ne reçoivent pas les services professionnels qu'ils sont en droit de recevoir du *service public qu'est l'école et des professionnels que sont les enseignantes et enseignants. Voici quelques exemples d'attitudes irresponsables : faire semblant de ne pas voir une demande d'aide, ne pas évaluer les travaux demandés, laisser les élèves seuls dans une classe sans consigne claire de travail, ne donner qu'une partie du programme obligatoire. La non-intervention est dommageable aux élèves dans la mesure où elle ne les aide pas dans leurs apprentissages, les néglige et parfois même les abandonne.

Dans certaines circonstances, il peut être assez difficile aux enseignantes et enseignants d'exercer leur pouvoir d'intervenir, surtout en début de carrière. Certains ont peur d'être trop autoritaires et de brimer les élèves dans leur liberté. D'autres redoutent que les parents ne contestent leur pouvoir et les empêchent finalement d'intervenir. D'autres, enfin, craignent de perdre l'amour de leurs élèves en intervenant trop directement dans leurs comportements scolaires. Toutes ces craintes sont compréhensibles. La seule façon de les dissiper, c'est de prendre l'habitude d'intervenir en fonction des finalités de l'école et de l'apprentissage des élèves, c'est-à-dire pour des raisons professionnelles. Mais, bien sûr, nous savons tous que certaines interventions peuvent être attribuables à d'autres raisons inacceptables, comme la recherche du pouvoir pour le plaisir de se sentir en contrôle, pour humilier des personnes plus faibles ou encore par désir de bien paraître. Personne n'est à l'abri de ces dérives et il importe d'en être conscients comme professionnels. Ces remarques nous mènent justement aux limites de l'intervention pédagogique.

6.4.   Les limites de l'intervention et l'abus de pouvoir

Les enseignantes et enseignants ont le pouvoir et le devoir d'intervenir pour aider les jeunes à apprendre et à se développer ; ils ne sont
pas là pour des raisons personnelles de commodité ou de plaisir. Le
harcèlement sexuel, qui est une façon d'utiliser son pouvoir professionnel pour obtenir des avantages sexuels comme des caresses, des
baisers, une sortie, des relations sexuelles, peut être rangé dans la
catégorie des comportements tout à fait inacceptables et répréhensibles. Les élèves sont vulnérables au harcèlement sexuel, car ils
dépendent de leurs enseignantes et enseignants pour avoir des notes,
réussir leurs examens et passer au niveau suivant. Ils ne sont pas dans
une situation d'égalité avec eux, même quand ils ont atteint la majorité légale de 18 ans. Leur statut d'élèves leur rend très difficile tout
refus ou toute révolte devant des demandes sexuelles provenant du
personnel enseignant ou du personnel scolaire (Valiquette et Ross,
1997). C'est la raison pour laquelle des politiques sur le harcèlement
sexuel sont rédigées dans certaines commissions scolaires et que des
mesures sont immédiatement prises par les directions d'école et les
commissions scolaires dans le cas d'allégations de harcèlement sexuel
de la part d'un membre du personnel sur un élève. C'est d'ailleurs
pour cette même raison que les codes de déontologie interdisent aux
professionnels d'avoir des relations sexuelles avec leurs clients.

Les enseignantes et enseignants ne peuvent pas non plus exercer
leur pouvoir professionnel en utilisant la force ou la violence physique
ou psychologique. Nous avons vu, au troisième chapitre, que le châ-
timent corporel n'était toléré dans notre société que dans certaines
conditions et que l'abus physique et l'abus sexuel étaient considérés
comme des actes criminels. Il faut garder à l'esprit que ces deux
formes d'abus sont des abus de pouvoir particulièrement pénalisés
quand les victimes sont des jeunes et quand les abuseurs sont des
éducateurs. La société doit pouvoir avoir confiance dans les professionnels de l'enseignement, dans leur capacité de distinguer ce qui
est acceptable comme contrainte et ce qui est inacceptable, ce qui aide
le développement des jeunes et ce qui leur nuit ou les blesse. C'est
pourquoi le personnel enseignant en voie de professionnalisation ne
peut éviter de s'interroger sur les limites éthiques et non seulement
légales de son pouvoir d'intervenir sur les jeunes. Cela doit être pris
en compte dans son *jugement professionnel.

Ce que nous venons de voir dans ce chapitre montre que l'intervention professionnelle en enseignement constitue le cœur du travail enseignant. Si les interventions visent à répondre à des besoins très spécifiques des élèves et des groupes d'élèves, on ne doit pas oublier qu'elles sont faites en vue de tendre vers les finalités éducatives et d'actualiser la mission de l'école. C'est ainsi qu'on va dire d'une personne qui fait bien son travail qu'elle fait preuve d'une qualité professionnelle qu'on appelle le *professionnalisme (Jutras, 2004). Agir avec professionnalisme, c'est un idéal professionnel qui concerne non seulement les membres du corps enseignant, mais aussi toutes les personnes qui assument des *responsabilités professionnelles.

■ QUESTIONS DE COMPRÉHENSION ET DE RÉFLEXION

1. Une enseignante ou un enseignant qui refuse d'aider un élève qui en a manifestement besoin fait-il preuve d'incompétence ou de manque d'éthique? Expliquez et justifiez votre réponse.

2. Donnez un exemple d'un comportement correct et adéquat dans chacun des trois types d'interventions professionnelles présentés dans ce chapitre. Expliquez ensuite pourquoi vous les considérez empreints de professionnalisme.

3. Quel type d'interventions pensez-vous maîtriser le mieux actuellement? Que vous reste-t-il à faire pour développer vos compétences relatives aux différents types d'intervention professionnelle?

4. L'idée que les enseignantes et enseignants ont un pouvoir légitime sur les élèves en vue de les aider à apprendre et à se développer vous surprend-elle? Comment vous situez-vous par rapport à ce pouvoir?

5. Dans leur livre sur *Le pouvoir sans abus*, Valiquette et Ross (1997) reconnaissent 16 types d'abus de pouvoir dans la relation d'autorité. Examinez chacun d'eux et répondez aux trois questions suivantes:

    • Ces types d'abus concernent-ils le personnel enseignant?

    • En tant qu'élève, vous est-il arrivé d'être la victime de l'un de ces types d'abus? Dans ce cas, quels ont été vos sentiments et vos réactions?

    • En tant qu'enseignante ou enseignant, vous est-il arrivé d'exercer l'un de ces types d'abus, même involontairement? Dans cc cas, que pouvez-vous faire maintenant pour l'éviter?

Seize types d'abus de pouvoir:

Chantage ou menace	Mépris ou jugement
Bris de la confidentialité	Obtention de faveurs
Fausser l'information	Racisme
Favoritisme	Retenir l'information de façon inappropriée
Homophobie	Sexisme
Incompétence ou ignorance	Violence physique
Intrusion psychologique	Violence sexuelle
Manque de respect	Violence verbale

■ ATELIERS

ATELIER 1.
TRAVAIL EN ÉQUIPE: QUE DOIT-ON FAIRE?

Deux élèves se chamaillent dans le fond de la classe et finissent par se battre.

▶ *Première étape*

Diviser la classe en équipes.

▶ *Deuxième étape*

En équipe, discutez de cette situation en répondant aux questions suivantes:

* L'enseignante ou l'enseignant peut-il intervenir? Si vous répondez non, expliquez vos raisons. Si vous répondez oui, expliquez comment il peut le faire et dites quelles sont les limites de son action.

* L'enseignante ou l'enseignant doit-il intervenir? Si vous répondez non, expliquez vos raisons. Si vous répondez oui, expliquez pour quelles raisons et comment il peut le faire.

▶ *Troisième étape*

Retour en grand groupe et discussion sur les responsabilités professionnelles du personnel enseignant.

ATELIER 2.
TRAVAIL EN ÉQUIPE: DES LIGNES DE CONDUITE
POUR L'ÉVALUATION DES APPRENTISSAGES ET DES COMPÉTENCES

Parmi les responsabilités professionnelles dans l'enseignement, on dit souvent que l'évaluation des apprentissages ou du développement des compétences est l'une des responsabilités les plus lourdes de conséquences.

▶ *Première étape*

RÉPONDEZ INDIVIDUELLEMENT AUX QUESTIONS SUIVANTES:

1. Êtes-vous d'accord avec l'affirmation que l'évaluation est une responsabilité professionnelle importante? Justifiez votre réponse.

2. En tant qu'élève, avez-vous déjà été frustré par la manière dont l'évaluation a été menée? Quelles étaient les circonstances dans lesquelles se sont déroulés les événements? Quelles recommandations faites-vous en vue d'assurer la justice et l'équité dans la manière d'évaluer?

▶ *Deuxième étape*

DISCUSSION EN ÉQUIPES :

Après avoir partagé vos réponses et vos réflexions en équipe de travail, préparez un canevas de recommandations pour une conduite professionnelle empreinte de professionnalisme au regard de l'évaluation à discuter avec le groupe-classe.

▶ *Troisième étape*

RETOUR AVEC LA CLASSE :

D'abord, chaque équipe présente ses recommandations. Puis, la classe en discute pour déterminer quelles sont les lignes de conduite nécessaires à l'enseignante ou l'enseignant comme professionnel qui assume avec professionnalisme ses responsabilités au regard de l'évaluation des élèves.

CHAPITRE

7

La relation pédagogique

Intentions pédagogiques

Après avoir lu ce chapitre et discuté de son contenu, vous devriez être en mesure de :

- Connaître les qualités humaines souhaitables pour agir de manière professionnelle en enseignement ;

- Prendre conscience des attentes sociales élevées relatives à l'éthique de la relation pédagogique ;

- Être sensible aux risques liés à la proximité avec les élèves et éviter les conduites et situations compromettantes ;

- Reconnaître que les enseignantes et enseignants sont responsables de la gestion de la *relation pédagogique.

Nous avons déjà vu que les enseignantes et enseignants interviennent auprès des élèves afin de les aider à apprendre et à se développer. La relation aux élèves ou relation pédagogique se trouve ainsi au cœur de la profession enseignante. C'est par amour des jeunes et par désir de contribuer à leur développement que beaucoup de personnes ont choisi de faire carrière en enseignement et que beaucoup d'entre elles demeurent dans l'enseignement malgré les difficultés de cette profession.

Nous allons envisager, dans ce chapitre, comment développer une *éthique relationnelle propre à l'enseignement tout en sachant que les acteurs scolaires, c'est-à-dire le personnel enseignant, les directions d'école, les parents et les élèves, sont très attentifs aux relations entre les enseignantes et les enseignants et les élèves et extrêmement sensibles à tout manquement à l'éthique. D'ailleurs, quand on parle d'éthique professionnelle enseignante, la plupart des gens pensent immédiatement à la relation pédagogique, aux qualités humaines nécessaires pour enseigner, à la justice et à l'équité dans les relations avec les élèves, à la place du corps et de la sexualité, à l'intimité dans cette relation. La relation pédagogique est souvent considérée comme l'endroit le plus évident où une éthique professionnelle enseignante s'impose en raison de la *vulnérabilité des élèves et du pouvoir d'intervenir du personnel enseignant. Cependant, comme nous l'avons vu dans les chapitres précédents et comme nous le verrons dans les deux derniers chapitres, ce n'est certainement pas le seul endroit, même si c'est un point central.

7.1. Les qualités professionnelles des enseignantes et enseignants

La question des qualités personnelles nécessaires pour enseigner a été souvent posée dans l'histoire de la pédagogie. La tradition morale considérait que toute personne devait posséder et pratiquer certaines qualités appelées *vertus pour être vraiment un homme ou une femme de qualité. Elle mettait aussi en évidence que chaque fonction sociale exigeait des qualités morales particulières. Un bon soldat devait être courageux, un bon commerçant, honnête et une bonne mère, dévouée. Bien sûr, ces qualités morales existent encore, mais l'éthique professionnelle les envisage plutôt comme des manières d'être à développer pour exercer une profession. Aussi, plutôt que de parler de qualités morales, on parle maintenant de qualités professionnelles.

Dans un texte consacré à la recherche des caractéristiques du professeur idéal, Hare (1993) établit une liste des qualités que possèdent les bons pédagogues reconnus par leurs élèves et leurs collègues. Il s'agit des qualités suivantes : le jugement, l'humilité de reconnaître les limites de son *savoir, le courage d'aller à l'encontre des idées reçues, l'*impartialité, l'ouverture d'esprit, l'*empathie, l'enthousiasme et l'imagination. À cette liste déjà impressionnante, la philosophe de l'éducation Christiane Gohier (1999) ajoute «la cohérence ou congruence pour une personne entre ce qu'elle est, ce qu'elle fait et ce qu'elle dit ». On voit bien qu'un membre du corps enseignant à qui manqueraient totalement ces qualités serait incompétent, incapable de faire le travail demandé. Mais, on voit surtout qu'il pourrait nuire considérablement à ses élèves et c'est justement ce que l'éthique professionnelle veut éviter à tout prix. Le jugement, par exemple, est important pour tout professionnel, car nous avons vu que la qualité de l'intervention repose sur la qualité du *jugement professionnel. Une enseignante ou un enseignant qui manque de jugement ne peut prendre des décisions éclairées et justifiées qui sont le propre des professionnels. Pourtant, et c'est ce qui est plus grave, ses décisions ont des conséquences sur les élèves en ce qui a trait aux travaux à faire, à l'apprentissage, au rendement, à l'évaluation, au cheminement scolaire.

Les qualités professionnelles présentes dans la relation pédago-gique font que cette relation devient significative, que l'élève peut s'appuyer sur l'enseignante ou l'enseignant pour apprendre. La réforme de l'éducation mise d'ailleurs sur le travail individualisé avec chaque élève, ce qui exige de grandes qualités humaines et profes-sionnelles. Si ce n'est pas le cas, non seulement l'élève peut perdre confiance en la personne qui lui enseigne, mais il peut aussi en arriver à perdre sa motivation à apprendre et développer une faible estime de soi, ce qui compromet son apprentissage et son développement. Les qualités professionnelles du personnel enseignant ont donc des répercussions sur la réussite des élèves et elles peuvent même en avoir sur leur vie personnelle. C'est une autre facette du pouvoir qu'ont les enseignantes et enseignants sur les élèves : ils doivent en être conscients et ils doivent l'utiliser de façon responsable.

Les enseignantes et enseignants qui ont répondu à notre enquête ont relevé comme qualités principales la *conscience professionnelle, l'enthousiasme et l'engagement. Ils considèrent leur profession avant tout comme une relation aux élèves et ils se sont montrés très cons-cients du fait que la réforme ne pourrait se réaliser sans un grand investissement professionnel de leur part auprès de leurs élèves.

7.2.   La justice et la discrimination

L'école québécoise est une école pour tous. Non seulement est-elle obligatoire pour tous les jeunes, mais aussi elle est fondée sur le principe de l'égalité d'accès de tous les élèves au savoir et à la *culture. Chacun d'entre eux a le droit d'apprendre et d'être aidé à apprendre par le personnel enseignant. Le système scolaire est un *service public, un des piliers de la société démocratique québécoise. C'est la raison pour laquelle les enseignantes et enseignants qui travaillent dans ce service public ont le devoir de s'impliquer auprès de tous les élèves, quelles que soient leurs caractéristiques. Bien que ce principe égalitaire soit accepté par tout le monde, il est parfois difficile à vivre dans les écoles. Rappelons-nous comme nous étions sensibles à toute marque d'injustice de la part d'un adulte quand nous étions des enfants, que ce soit à la maison ou à l'école. Les chouchous, par exemple, provoquent systématiquement la colère et la révolte.

Le personnel enseignant fait face à des élèves qui ont tous le droit d'apprendre et d'être aidés à le faire et qui sont tous différents. Certains élèves ont besoin d'une aide constante alors que d'autres élèves ont davantage besoin de liberté pour apprendre seuls. Les élèves doués n'ont pas les mêmes besoins que ceux qui ont des difficultés d'apprentissage et de comportement, mais ils ont tous besoin de leurs enseignantes et enseignants. Être juste ne signifie pas donner tout le temps la même chose à tout le monde, mais plutôt aider chacun à apprendre. La réforme répond à l'exigence de justice en favorisant une approche la plus individualisée possible et l'orientation des élèves dans des voies qui correspondent à leurs besoins et leurs intérêts.

La société québécoise s'est donnée une *Charte des droits et libertés de la personne* qui protège les droits individuels dans tous les domaines de la vie en société et qui prévient la *discrimination. Les parents sont très sensibles aux droits de leurs enfants et à toute injustice, réelle ou seulement apparente, dont ces derniers pourraient être victimes. On nomme discrimination toute action qui n'accorde pas à une personne un traitement égal à celui accordé aux autres personnes, par exemple, en ne considérant pas sa demande ou en lui refusant un service auquel elle a droit. La discrimination est une forme d'injustice, car elle pénalise les personnes qui en sont victimes dans une société où toutes les personnes ont les mêmes droits garantis par la Loi. Quand une forme de discrimination envers un élève a lieu à l'école, elle compromet son droit à l'instruction, c'est la raison pour laquelle le personnel enseignant a le devoir de l'éviter. Cette discrimination peut prendre des formes bien différentes, mais elle est toujours inacceptable. Le tableau 11 présente quelques exemples de discrimination qu'on pourrait retrouver en milieu scolaire.

Tableau 11
Quelques exemples de discrimination à l'école

- Le racisme qui pénalise les élèves de races différentes, par exemple, quand on refuse de s'occuper d'un élève de couleur sous un prétexte quelconque;
- Le sexisme qui pénalise les élèves parce qu'ils sont des garçons ou des filles, par exemple, quand on donne systématiquement la parole aux garçons;
- L'homophobie qui pénalise les élèves qui sont ou qui paraissent homosexuels, par exemple, quand on tolère les insultes et les moqueries envers les personnes homosexuelles;
- La discrimination sociale qui pénalise les élèves qui sont différents, marginaux, pauvres, étrangers, handicapés, par exemple, quand on refuse un élève différent dans sa classe sous prétexte d'un manque de temps ou de formation spécialisée;
- La discrimination religieuse ou culturelle qui pénalise les élèves de certaines religions ou appartenant à certaines cultures, par exemple, quand on laisse les élèves confondre l'islam et le terrorisme et qu'on ne corrige pas cette fausse conception;
- La discrimination affective qui accorde un traitement privilégié aux élèves qui présentent certains traits de personnalité au détriment des autres élèves de la classe (voir l'Annexe 7 sur le favoritisme), par exemple, quand on a des élèves préférés, des chouchous;
- La discrimination esthétique qui pénalise les élèves qui ne paraissent pas beaux ou ne sont pas à la mode (Remy, Lebourq et Cousin, 2002), par exemple, quand on place les plus beaux élèves au premier rang, qu'on leur fait des compliments publics sur leur apparence, qu'on leur accorde plus d'attention qu'aux autres élèves.

Dans tous ces cas, les élèves ne sont plus considérés comme des élèves, c'est-à-dire comme des jeunes en situation d'apprentissage. Ils sont plutôt jugés sur des critères qui ne dépendent même pas d'eux et qui n'ont rien à voir avec le droit à une éducation de qualité. La discrimination risque aussi de s'étendre aux familles de ces élèves ou bien encore aux collègues qui partagent les mêmes caractéristiques. Il peut arriver que des enseignantes ou enseignants manifestent de l'injustice dans leurs comportements envers les élèves, de façon tout à fait involontaire, sans s'en rendre compte, car les relations personnelles sont teintées par les expériences passées, l'éducation et les sentiments de chacun. Ainsi, un enseignant qui a connu une jeunesse rebelle peut éprouver immédiatement de la sympathie envers des élèves à l'allure marginale au point de leur accorder une attention privilégiée et négliger les autres élèves qui se font moins remarquer. Une personne qui veut vraiment faire preuve de *professionnalisme doit réfléchir à ses attitudes et ses manières d'être envers ses élèves de façon à éliminer le plus possible des décisions injustes qui pourraient nuire à sa relation avec ces derniers, à leur développement et à la réputation de sa profession. Cela nécessite parfois de remettre en cause des perceptions, des habitudes profondes et des réactions spontanées, au nom du bien des élèves.

7.3. La séduction pédagogique

Les élèves sont des garçons et des filles, les enseignants sont des hommes et des femmes. Ces éléments ont des répercussions sur la relation pédagogique. Le jour de la rentrée des classes, par exemple, que répond un élève de première année à ses parents qui lui demandent qui est son enseignant. « C'est un homme ! » ou bien plus souvent « C'est une femme ! » L'attrait sexuel, le désir, les histoires d'amour existent à l'école et dans les salles de classe comme dans tous les groupes sociaux. Et ces phénomènes peuvent exister aussi bien entre les enseignantes et enseignants et leurs élèves qu'entre les élèves eux-mêmes.

Nous allons regarder maintenant comment les enseignantes et enseignants peuvent assumer leur rôle professionnel sans se laisser déborder par le fait que les relations pédagogiques sont inévitablement des *relations sexuées. Elles le sont d'autant plus que la mode favorise le port de vêtements sexy chez les élèves de plus en plus jeunes. Rien ne sert de le nier, autant l'assumer de façon responsable. Nous envisagerons deux cas de figure. Dans le premier cas, ce sont les élèves qui ont des comportements de séduction entre eux ou bien envers le personnel enseignant. Dans le second cas, ce sont les enseignantes ou enseignants qui ont des comportements séducteurs envers les élèves.

7.3.1. Les élèves séducteurs

Dans la culture actuelle, les personnes sont incitées à prendre soin de leur corps, à le dénuder, à le parer, à le montrer pour réussir dans la vie et avoir du succès en amour. Les jeunes sont encouragés par les médias, et parfois même par leur environnement, à adopter ces comportements de plus en plus tôt. Le maquillage, le vernis à ongles, les cheveux colorés, les bijoux, le *piercing* et le tatouage entrent à l'école avec les élèves. Il arrive qu'on leur demande s'ils ont un amoureux, et cela, dès le préscolaire. Il s'agit d'un mouvement actuel d'*érotisation précoce des jeunes qui fait que leurs préoccupations pour l'image, le succès et l'amour commencent bien avant la puberté. Les vêtements et les attitudes des élèves sont plus ou moins consciemment sexy à l'école.

Les enseignantes et enseignants qui sont en relation constante avec ces jeunes ne peuvent que constater ces comportements qui ne les laissent pas indifférents. Certaines écoles réagissent en imposant un costume obligatoire pour éviter les tenues trop provocantes, mais il est beaucoup plus difficile d'empêcher des comportements de séduction de la part des élèves.

Au primaire, les enseignantes et enseignants doivent parfois gérer des conflits et des jalousies amoureuses qui perturbent les élèves et leur rappeler pourquoi ils sont à l'école. Au secondaire, il leur faut parfois recadrer la relation qu'ils ont avec leurs élèves comme une relation pédagogique et non une relation amicale ou amoureuse, ce qui est particulièrement nécessaire quand la personne est jeune et nouvelle dans la profession. Au primaire comme au secondaire, les enseignantes et enseignants peuvent être confrontés à des élèves qui utilisent leur charme pour obtenir un traitement privilégié, de l'attention, de l'admiration ou de meilleures notes.

Devant ces comportements, comme professionnels, les enseignantes et enseignants doivent rappeler aux élèves que l'école est un lieu pour apprendre et que leur rôle d'adulte est exclusivement d'aider à apprendre et à se développer. Plus le personnel enseignant est conscient de son rôle de professionnel de l'enseignement, plus il lui est facile de ne pas se laisser glisser sur la voie du flirt avec un élève.

Il est bien clair que les jeunes élèves testent leur pouvoir de séduction sur les adultes de leur environnement, dont le personnel enseignant. Mais il est tout aussi clair que c'est le personnel enseignant qui est maître du jeu à l'école et, par là, responsable de la relation pédagogique. Si c'est nécessaire, il revient aux enseignantes et enseignants de rappeler pourquoi ils sont à l'école et que leur rôle ne leur permet pas d'être des amis, ni des flirts, ni des amoureux, ni des amants.

La dimension *érotique est impossible à évacuer complètement de la relation pédagogique, mais elle peut être gérée de façon professionnelle et de façon éthique. Cependant, si un membre du corps enseignant est troublé ou perturbé par les attitudes ou les comportements de certains élèves, il serait préférable pour lui et pour ses élèves qu'il cherche de l'aide auprès de collègues, de la direction ou de ressources spécialisées plutôt que de nier ses difficultés.

7.3.2. Les enseignantes séductrices et les enseignants séducteurs

Les enseignantes et enseignants utilisent leurs ressources personnelles, leur voix, leur corps, leur charme, leur personnalité pour enseigner. Ils s'investissent dans leur travail et mettent souvent tout en œuvre pour établir une bonne communication avec les élèves, pour se rapprocher d'eux afin de les aider et les stimuler à apprendre. Il arrive parfois que cette communication devienne plus personnelle, plus exclusive, plus intime. La relation pédagogique devient alors une relation amoureuse ou une relation de séduction et, dans ces deux cas, il y a manque d'éthique professionnelle de la part de l'enseignante ou enseignant.

Dans la relation amoureuse, les sentiments amoureux et le désir sexuel envahissent la relation pédagogique, le plus souvent à la grande surprise des personnes concernées. Ce ne sont plus un enseignant et un élève qui se trouvent maintenant face à face, mais un adulte masculin ou féminin et un jeune masculin ou féminin. De tels cas arrivent, surtout à la fin du secondaire, au collégial et à l'université. L'enseignante ou l'enseignant va généralement essayer de maintenir la relation pédagogique indépendamment des sentiments qui la colorent, mais il lui sera difficile de garder une réelle objectivité devant cet élève et une justice collective devant sa classe. Il lui sera aussi difficile de justifier cette relation auprès des parents de l'élève qui est mineur. Les parents pourraient d'ailleurs intenter une poursuite contre l'enseignante ou l'enseignant pour détournement de mineur ou *pédophilie parce qu'il y a abus de sa position d'autorité.

Pour toutes ces raisons, on recommande au personnel enseignant de garder une certaine distance émotive par rapport aux élèves et de mettre fin à toute relation étroite avec un élève tant et aussi longtemps qu'il lui enseigne. Il revient aussi à l'enseignante ou enseignant de dire nettement à un élève qui lui déclare son amour que cet amour est impossible : toute ambiguïté à ce sujet est dangereuse pour l'élève et pour l'enseignant. Comme professionnel, l'enseignante ou l'enseignant ne peut être tenu responsable du fait d'être amoureux ou d'être aimé par un élève, mais il reste toujours responsable de la gestion de la relation pédagogique qu'il doit orienter vers l'apprentissage de l'élève et non pas en fonction de ses sentiments personnels.

Dans la relation de séduction, l'enseignante ou l'enseignant utilise la relation pédagogique pour avoir un contact de plus en plus étroit avec les élèves, car cette proximité lui apporte une satisfaction personnelle et du plaisir. Il peut, par exemple, partager des confidences et en exiger en retour, donner des marques d'affection et en demander, toucher l'élève et demander des contacts, exprimer une préférence et exiger un retour équivalent d'attention exclusive. Dans tous ces cas, l'enseignante ou l'enseignant utilise son statut professionnel pour avoir un contact intime et privilégié avec un ou des élèves. Or, ce contact particulier n'est absolument pas nécessaire pour enseigner et, de plus, il peut perturber l'élève qui est alors singularisé ou préféré. On voit bien que nous ne sommes pas loin de l'abus sexuel qui est inacceptable dans une relation professionnelle et encore plus inacceptable dans une relation éducative (Desaulniers, 1998). Les enseignants n'ont tout simplement pas le droit d'utiliser leurs élèves pour avoir une vie sentimentale ou sexuelle. Non seulement ces derniers ne sont pas en mesure de refuser leurs demandes, mais ils sont en droit d'attendre d'autres relations avec les adultes qui leur enseignent.

La séduction pédagogique est un risque de la relation pédagogique dont il est préférable d'être conscient de façon à garder en vue constamment le but de l'enseignement qui est l'apprentissage et le développement des élèves. Un enseignant professionnel conscient de ce risque peut plus facilement déceler des indices de dérapage et réagir quand il constate que sa relation avec ses élèves prend une tournure trop personnelle. Il peut toujours se réajuster, chercher et trouver la bonne distance avec les élèves, celle qui permet d'apprendre et d'aider à apprendre. C'est sa responsabilité.

7.4.   Le contact physique enseignant-élèves

Nous avons vu, dans le troisième chapitre, que la loi et les règlements scolaires interdisent certains contacts physiques entre les enseignants et leurs élèves, soit les abus physiques et les abus sexuels. Nous avons vu aussi, dans le sixième chapitre, que les enseignants interviennent dans l'apprentissage des jeunes et dans leur développement. Or cette intervention peut passer quelquefois par un contact physique, un geste qui touche l'élève. Il faut donc maintenant regarder plus attentivement quels sont les contacts physiques qui sont acceptables et formateurs dans la relation pédagogique, car il y en a !

7.4.1. Le besoin de contact physique

Pour commencer, il serait utile de rappeler quelques éléments importants sur le contact physique entre les personnes, éléments que notre société a tendance à négliger par peur de l'abus sexuel.

D'abord, le contact physique fait partie de la communication entre les personnes. Plus une communication est étroite, plus le contact physique est toléré par les personnes et considéré comme une marque d'affection, de soutien, de chaleur. La relation pédagogique n'échappe pas à cette règle. Le contact le plus étroit est probablement celui de la mère et son nouveau-né, sans lequel le bébé ne peut se développer.

Ensuite, tout être humain a besoin de contacts physiques avec les autres personnes pour se sentir vivant et se développer, quel que soit son âge. Éviter tout contact physique envers les élèves est une stratégie de défense et de protection que l'on peut comprendre de la part de certaines personnes craintives, mais elle n'est pas viable. Il arrive toujours un moment où un contact physique volontaire ou involontaire avec un élève a lieu. Mais surtout, l'absence de contact physique prive les élèves et le personnel enseignant d'une chaleur et d'une spontanéité qui font la richesse de la relation pédagogique et une partie du plaisir d'enseigner.

Un dernier élément, enfin, de nature plus générale, nous montre que chaque société possède ses propres codes relatifs au contact physique. Les Québécois sont influencés, d'un côté, par leurs traditions françaises qui les laissent assez libres en ce qui concerne les contacts physiques comme les accolades, les serrements de mains et les baisers et, d'un autre côté, par les traditions anglo-saxonnes qui leur inspirent des comportements beaucoup plus réservés à cet égard. Ils tiennent généralement à un certain espace entre les personnes, la fameuse bulle protectrice qui rend notre vie sociale tolérable.

Le mouvement de *pénalisation de l'abus physique et de l'abus sexuel, qui est très important en Amérique du Nord, a influencé le Québec et rendu la population méfiante en ce qui concerne les contacts physiques entre les adultes et les jeunes, tout particulièrement entre les personnes chargées d'éducation et les enfants. Le contact physique est donc sous haute surveillance dans notre société, mais cela ne veut pas dire qu'il soit impossible à l'école.

7.4.2. Les types de contacts physiques professionnels

Les contacts physiques entre le personnel enseignant et les élèves font partie de la relation pédagogique. Ils répondent à certains besoins de communication et constituent aussi une marque de confiance dans la relation pédagogique. Ces contacts sont importants pour le développement et l'apprentissage des élèves, surtout si ces derniers sont jeunes. Il est notamment impossible et impensable d'enseigner au préscolaire sans toucher les élèves. Ainsi, il existe des conditions qui font que le contact physique à l'école est professionnel, donc acceptable.

En général, les contacts physiques de la part du personnel enseignant sont légitimes s'ils favorisent l'apprentissage et la poursuite des finalités de l'école – instruire, *socialiser et *qualifier – car c'est dans cette mesure qu'ils sont des gestes professionnels. C'est dans cette mesure aussi qu'ils peuvent être expliqués aux élèves ou à leurs parents si ces derniers manifestent de l'inquiétude. À ce sujet, les enseignantes et enseignants ont avantage à se renseigner sur les cultures et les traditions des élèves *néo-québécois qui sont dans leurs classes, car leurs *normes de contact physique peuvent être très différentes de celles du Québec. Toucher la tête d'un élève thaïlandais, par exemple, est un acte intolérable car, selon sa *culture, on touche directement son âme.

Quand un contact physique est expliqué et justifié au point de vue pédagogique, il est acceptable et accepté. Quand l'enseignante ou l'enseignant prend le temps de prévenir l'élève du geste qu'il va poser, en le justifiant, toutes les précautions de prudence nécessaires sont alors prises.

Un dernier élément est important, c'est l'aspect public du geste. Un geste posé dans une classe, dans la cour de récréation ou dans les corridors est un geste public qui est assumé devant les autres. À l'opposé, un abus sexuel n'aura jamais lieu en public, mais à l'écart, en cachette. Cela explique pourquoi certains enseignants ne travaillent que la porte ouverte et ne rencontrent plus d'élèves seul à seul. Le meilleur rempart contre les interprétations farfelues ou les soupçons d'abus, c'est une conduite claire, cohérente, ouverte et justifiée.

Pour maîtriser les gestes pédagogiques, il faut prendre le temps de réfléchir aux contacts physiques que l'on pose et être prêt à les expliquer. Il est important aussi de développer une certaine sensibilité devant ses propres réactions au contact avec autrui et aux réactions des autres. Une enseignante ou un enseignant qui remarque une gêne, un embarras ou un mouvement de recul d'un élève à la suite d'un contact physique devrait se demander s'il en a vraiment besoin pour faire son travail d'enseignement et essayer de comprendre les réactions de l'élève qu'il peut interroger directement. Il devrait aussi systématiquement s'abstenir de tout geste qui provoque une réaction sexuelle chez l'élève ou chez lui, même involontairement (voir l'Annexe 8). Le tableau 12 montre diverses formes de contact physique entre le personnel enseignant et les élèves. De plus, il fournit des exemples de comportements appropriés pour chacune des formes.

Tableau 12
Les contacts physiques de nature professionnelle entre le personnel enseignant et les élèves

Les contacts d'apprentissage de gestes spécifiques	Ce sont des gestes permettant le développement d'habiletés techniques chez les élèves. Exemples : aider un élève du préscolaire à faire une boucle à ses lacets en lui prenant la main, tenir le crayon dans la main d'un élève de première année, démontrer un mouvement en éducation physique en tenant une jambe, tenir la main d'un élève qui apprend une technique professionnelle.
Les contacts affectifs	Ce sont des contacts de réconfort, d'encouragement ou de félicitations qui visent à motiver les élèves ou à leur assurer une rétroaction évidente. Ces contacts sont modulables selon l'âge des élèves. Les accolades, par exemple, sont limitées au préscolaire et au primaire. Exemples : donner une petite tape sur l'épaule ou dans le dos, toucher l'avant-bras, donner une accolade, taper dans la main ouverte.
Les contacts de sécurité	Ce sont des gestes visant à protéger les élèves ou à prévenir des accidents. Exemples : arrêter un élève qui court dans un escalier, pousser un élève pour lui éviter de recevoir un projectile, lui enlever des mains un objet dangereux.
Les contacts de contrôle	Ce sont des gestes permettant de contrôler des comportements inacceptables à l'école. Exemples : séparer deux élèves qui se battent, amener un élève hors de la classe, faire asseoir un élève ou lui tenir l'épaule pour le calmer.

Avec la dernière catégorie de contacts physiques, le contact de contrôle, nous arrivons à la question du contrôle de la violence des élèves par les enseignantes et enseignants.

7.5. Le contrôle de la violence à l'école

La violence existe dans la société et dans les écoles. C'est un problème social et relationnel auquel les enseignantes et enseignants sont confrontés et dont ils peuvent, eux aussi, être les victimes. Nous abordons maintenant le cas des gestes violents posés par les élèves, qui peuvent survenir dans la classe ou dans l'école et les interventions possibles dans ces circonstances.

Le principe selon lequel on ne peut pas moralement combattre la violence par la violence s'applique à l'école. Les enseignantes et enseignants n'ont pas le droit d'utiliser la violence pour arrêter un élève violent. Ils peuvent demander d'arrêter le comportement violent, rappeler le règlement de l'école, donner un avertissement quant à ses conséquences, appliquer le règlement, amener l'élève violent chez le directeur. Ils peuvent donc intervenir.

En cas de comportement incontrôlable qui pourrait mettre en danger un ou des élèves, le personnel enseignant peut faire appel à la psychoéducatrice ou au psychoéducateur de l'école qui a reçu une formation plus spécifique pour contrôler les élèves violents. Pour des raisons de prudence, l'immobilisation sera effectuée plutôt par le psychoéducateur que par l'enseignant (OCCOPPQ, 2005), mais cela ne veut pas dire que le personnel enseignant n'a aucun rôle en ce qui concerne la violence scolaire.

L'école a pour fonction de socialiser les élèves et cette socialisation passe par l'apprentissage de moyens d'exprimer son désaccord ou sa colère autrement que par la violence physique. La violence constitue un manque de respect d'autrui qui n'est pas plus acceptable dans la société que dans l'école. Le personnel enseignant a un rôle important de prévention de la violence, qui peut être exercé de diverses manières. Le tableau 13 montre quelles actions peuvent être posées.

Bien évidemment, la prévention de la violence implique que les enseignantes et enseignants n'aient pas recours eux-mêmes à des gestes violents quand ils enseignent, même quand ils sont confrontés à des comportements violents de la part des élèves. Toute personne

Tableau 13
Exemples d'actions qui préviennent la violence

> • Apprendre aux élèves à verbaliser leurs émotions et sentiments;
> • Développer la coopération et l'entraide dans l'apprentissage;
> • Mettre en place des règles de vie et les faire respecter;
> • Mettre en évidence les marques de respect et de solidarité entre élèves;
> • Instituer un conseil de coopération;
> • Arrêter les comportements violents dès le début de leur manifestation;
> • Former des élèves médiateurs;
> • Participer à des programmes de prévention de la violence à l'école;
> • Recourir aux services complémentaires pour les élèves qui semblent victimes de violence;
> • Collaborer avec les services complémentaires, la direction de l'école et les parents des élèves violents;
> • Réfléchir et discuter avec les élèves à partir des situations de violence qui arrivent dans l'école, dans la classe ou dans le monde.

à l'école qui sent que sa tolérance aux élèves violents diminue et que son impatience grandit est à risque de devenir violente elle-même. Son devoir est de demander de l'aide à ses collègues, à sa direction ou à la Direction des ressources humaines de sa commission scolaire, qui dispose généralement de services d'aide aux employés. Reconnaître ses limites fait partie de toute compétence professionnelle.

7.6.   La confidentialité

La relation pédagogique est une relation interpersonnelle dans laquelle l'échange et la confiance sont importants. Les enseignantes et enseignants qui sont proches de leurs élèves ou qui simplement les écoutent ont accès à de nombreux renseignements sur leur vie personnelle et familiale. Bien que ces renseignements ne concernent pas spécifiquement l'apprentissage des élèves, ils permettent de mieux comprendre leurs difficultés à apprendre et donc de les aider.

Plus les élèves sont jeunes, plus l'échange de renseignements est fréquent et spontané. Les petits du préscolaire racontent tout, même ce que les parents préféreraient ne pas ébruiter comme leurs problèmes de santé, d'argent ou leurs conflits familiaux. L'enseignante est bien souvent la première à être au courant du divorce des parents. De plus, les élèves qui se sentent en confiance avec un enseignant peuvent lui confier des difficultés personnelles comme des problèmes d'argent, de sexualité, de dépendance. Ces renseignements personnels ne devraient pas être diffusés, à l'exception des cas de négligence, d'abus physique ou sexuel, qui doivent obligatoirement être signalés à la Direction de la protection de la jeunesse.

En réalité, les renseignements personnels sur un élève ne sont partagés que si le cas de cet élève est discuté en réunion pédagogique. Il s'agit alors d'une étude de cas qui obéit à des règles précises : on ne partage que l'information pertinente entre collègues, on recherche des solutions et on confie l'élève à des ressources spécialisées si nécessaire. Ces réunions confidentielles ont lieu dans une salle de réunion fermée et leur contenu ne doit pas être divulgué. Seule la décision issue de cette réunion est communiquée aux personnes concernées. Il serait contre toute éthique que des informations personnelles sur les élèves soient échangées entre enseignantes et enseignants dans leur salle de travail, dans les corridors ou dans la cour de récréation, même de façon involontaire, même pour mieux comprendre un élève.

En général, il faut être prudent dans l'échange informel d'informations entre collègues quand elles concernent autre chose que l'apprentissage de l'élève et sa conduite dans l'école. Et, même dans ce cas, une conversation avec un collègue peut fausser la perception si ce collègue a eu des difficultés avec un élève. Un préjugé peut pénaliser un élève injustement et même s'étendre à ses frères et sœurs plus jeunes s'ils fréquentent la même école que lui. Les rumeurs scolaires peuvent être dévastatrices et détruire la réputation d'un élève, d'une famille ou d'un collègue. Les enseignantes et enseignants sont responsables de ce qu'ils disent.

Le respect de la confidentialité est un élément important de l'éthique professionnelle. Nous avons vu que dans la relation de service que les professionnels ont avec leurs clients, le partage d'informations personnelles est important. C'est pour maintenir la relation de confiance et protéger les clients que le secret professionnel est exigé. Les enseignantes et enseignants professionnels sont tenus, pour les mêmes raisons, à un devoir de réserve et de discrétion.

Si les informations personnelles sont à manipuler avec soin entre collègues, elles le sont encore davantage devant les élèves. Dans ce cas, il n'est plus question de discrétion mais de silence. Les élèves ont droit au respect de leur vie privée, surtout de la part des adultes en qui ils ont confiance.

Sur le plan administratif, les commissions scolaires disposent de renseignements *nominatifs sur les élèves. Ces renseignements sont consignés dans leur dossier scolaire et, s'il y a lieu, dans leur dossier d'aide particulière ou leur dossier professionnel des services éducatifs complémentaires. Ces dossiers ne peuvent être consultés que par les personnes autorisées, ils sont préservés en lieu sûr et même sous clef en ce qui concerne les dossiers professionnels. Chaque commission scolaire s'assure de respecter la *Loi sur l'accès aux documents des organismes publics et sur la protection des renseignements personnels* en établissant un règlement interne ou un guide de gestion des dossiers personnels des élèves.

Finalement, le respect de la confidentialité est un aspect du respect des personnes et c'est pourquoi il concerne l'éthique. Les enseignantes et enseignants professionnels bâtissent leurs interventions sur la confiance au sein de la relation pédagogique et sur la crédibilité de leur profession. Ces deux éléments peuvent être fortement endommagés par de l'indiscrétion ou par la diffusion d'informations privilégiées.

La relation pédagogique est une relation interpersonnelle qui permet aux jeunes de grandir avec l'aide d'adultes professionnels et responsables. Ce n'est pas une relation facile et mécanique. Les enseignantes et enseignants ne travaillent pas sur le mode du pilotage automatique. L'éthique professionnelle les aide à trouver avec leurs élèves la bonne distance qui permet à ceux-ci d'être protégés dans leur apprentissage et leur développement. L'éthique nous rappelle constamment que ce sont les enseignantes et enseignants, et non les élèves, qui sont responsables de la qualité de cette relation pédagogique sans laquelle l'enseignement est impossible.

■ QUESTIONS DE COMPRÉHENSION ET DE RÉFLEXION

1. En vous reportant à votre expérience d'élève et d'enseignement, donnez un exemple d'action réalisée par une enseignante ou un enseignant, qui illustre chacune des qualités mentionnées au tableau 14.

Tableau 14
Lien entre les qualités professionnelles et les gestes posés

Qualités professionnelles des enseignantes et enseignants	Action illustrant cette qualité dans l'intervention professionnelle
Le jugement	
L'humilité	
Le courage	
L'impartialité	
L'ouverture d'esprit	
L'empathie	
L'enthousiasme	
L'imagination	
La cohérence	
La conscience professionnelle	
L'engagement	

2. Parmi les qualités professionnelles présentées dans le tableau 14, précisez laquelle vous semble la plus importante pour enseigner? Justifiez votre réponse.

3. Parmi les qualités professionnelles présentées dans le tableau ci-dessus, quelle est la qualité dont vous pensez faire preuve le plus souvent en enseignant? Et celle que vous pensez posséder le moins actuellement? Que pouvez-vous faire pour améliorer cette situation?

4. Vers quels types d'enfants ou d'adolescents vous sentez-vous spontanément attiré ? Par exemple, les sportifs, les timides, les originaux, les malheureux, les petits roux à lunettes, etc. ? Pourquoi ?

5. Existe-t-il d'autres types de discrimination scolaire que ceux qui sont traités dans ce chapitre ? Lesquels ? Justifiez votre réponse.

6. En quoi l'injustice est-elle liée à l'impartialité qui est considérée comme une qualité professionnelle pour le personnel enseignant ?

7. Pour agir en tant que professionnel responsable, que pourrait faire une enseignante qui se sent de plus en plus attirée par un élève ?

8. Retournez au troisième chapitre et lisez la partie sur les devoirs des enseignants mentionnés dans la *Loi sur l'instruction publique*. Que dit-on sur la discrimination ?

■ ATELIER

TRAVAIL EN ÉQUIPE : ÊTRE EN RELATION AVEC LES ÉLÈVES

Dans la cour de récréation, un collègue enseignant ne répond qu'aux questions et aux demandes des filles.

▶ **Première étape**

RÉPONDEZ INDIVIDUELLEMENT AUX QUESTIONS SUIVANTES :

- Quel est le problème éthique lié à ce comportement ?
- Quelles peuvent en être les conséquences ?
- Que pourriez-vous faire dans cette situation pour aider cet enseignant ?

▶ **Deuxième étape**

EN ÉQUIPES, PARTAGEZ VOS RÉPONSES AVEC VOS COÉQUIPIERS. PUIS, REPONDEZ AUX QUESTIONS SUIVANTES :

- Pourquoi l'entraide professionnelle peut-elle favoriser le développement professionnel ?
- Nommez des exemples d'entraide professionnelle que vous avez observés ou vécus.
- En quoi ces exemples ont-ils permis aux personnes de mieux vivre leur vie professionnelle ?

▶ **Troisième étape**

RETOUR EN GRAND GROUPE :

Une personne par équipe présente comment l'entraide professionnelle peut être source de développement professionnel.

CHAPITRE

8

La relation au savoir dans l'enseignement

Intentions pédagogiques

Après avoir lu ce chapitre et discuté de son contenu, vous devriez être en mesure de :

- Situer le rôle de l'école et du personnel enseignant dans la société du *savoir;

- Reconnaître le rôle de «*passeur culturel» qui est celui du personnel enseignant;

- Comprendre la relation existant entre la compétence relative au savoir enseigné et la compétence éthique;

- Clarifier les attitudes professionnelles du personnel enseignant relativement au savoir;

- Reconnaître et être prêt à assumer l'exigence professionnelle du développement continu au plan des savoirs reliés aux disciplines d'enseignement.

Nous avons examiné, au septième chapitre, la relation que les enseignantes et enseignants entretiennent avec leurs élèves. Ce qui les distingue des autres adultes qui sont près des jeunes, c'est qu'ils sont, en plus, en relation avec les connaissances, la *culture, le savoir. On entend généralement par savoir des connaissances nombreuses, plus ou moins systématisées, acquises par des activités cognitives. Jean Houssaye (1982), un philosophe de l'éducation, a illustré la situation pédagogique par un triangle qu'il a appelé le triangle pédagogique. À chacune des pointes du triangle se trouve l'un des trois éléments, l'enseignant, l'élève et le savoir, qui sont en constante interrelation dans l'enseignement. Les côtés du triangle portent sur des relations plus spécifiques entre ces éléments. La figure 2 représente le triangle pédagogique expliqué par Houssaye.

Figure 2
Le triangle pédagogique

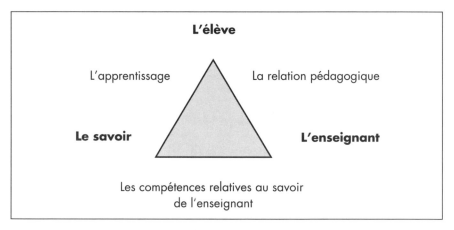

- La relation de l'enseignant à l'élève, c'est la *relation péda-gogique que nous venons d'étudier au chapitre précédent.

- La relation de l'élève au savoir, c'est l'apprentissage. Les interventions professionnelles du personnel enseignant visent à mettre l'élève en situation d'avoir accès au savoir et de réaliser des apprentissages. L'enseignant agit comme médiateur entre les élèves et le savoir.

- La relation de l'enseignant avec le savoir, c'est là où se joue la compétence relative au savoir de l'enseignant. Le rapport au savoir de l'enseignante ou l'enseignant, c'est tout ce qu'il sait en ce qui a trait aux disciplines enseignées et à la culture générale et qui le rend capable d'enseigner.

Nous voyons qu'aucun élément du triangle n'est inutile ni statique ; aucun élément non plus n'est figé dans le temps. Le savoir est en évolution constante, l'élève apprend sans cesse et l'enseignante ou l'enseignant se développe et participe au développement de l'élève continuellement.

Au cinquième chapitre consacré aux finalités éducatives, nous avons vu que le personnel enseignant reçoit le mandat de participer à la réalisation de la mission de l'école auprès des élèves. Rappelons-nous que la première mission de l'école est d'instruire. Les enseignantes et enseignants ont ainsi la responsabilité d'instaurer dans leur classe des pratiques qui vont orienter les apprentissages et le rapport au savoir des élèves dans une certaine direction. Maintenant, dans ce chapitre, nous allons examiner la relation que les enseignantes et enseignants entretiennent avec le savoir, de façon à dégager ses composantes éthiques. Même si ces composantes éthiques sont moins évidentes au premier coup d'œil que celles qui caractérisent la relation pédagogique, elles ont une importance capitale à l'école.

8.1. Le savoir dans la société

Notre société est caractérisée par une explosion des connaissances. Elles sont en effet de plus en plus nombreuses et de plus en plus diversifiées. Les professions se sont d'ailleurs développées parallèlement à l'avancement des sciences et des technologies, comme nous l'avons vu aux deux premiers chapitres. Non seulement les connaissances sont nombreuses aujourd'hui, mais elles évoluent rapidement et elles sont diffusées dans le monde entier par des colloques, des publications de toute nature, des universités, des laboratoires et centres de recherche. De nouveaux domaines, par exemple, l'écologie, se développent et nécessitent la collaboration de scientifiques de différentes disciplines. Plus personne, de nos jours, ne pourrait connaître un développement comparable à celui de Léonard de Vinci qui, à la Renaissance, était à la fois poète, ingénieur, peintre et mathématicien. Nous appartenons à l'ère des spécialisations et des professions. Il reste qu'au-delà des savoirs plus ou moins approfondis nécessaires pour occuper une fonction de travail spécifique et pour vivre dans nos sociétés, chaque personne a besoin de connaître de plus en plus de choses. Pour décrire ce phénomène, on parle de « société du savoir », car le savoir est absolument nécessaire à la vie et au développement des individus et de la société.

Dans ce contexte, on comprend bien que l'école a un rôle important à jouer. Elle est l'endroit où le savoir est rendu disponible à l'apprentissage des jeunes. Mais, bien sûr, ce n'est pas le seul endroit. Les médias, les organismes culturels comme les musées, les bibliothèques et les associations socioculturelles, les technologies de l'information et de la communication, les relations interpersonnelles, les voyages, les expériences de vie permettent aussi de découvrir et d'apprendre. Cependant, l'école est le seul lieu conçu spécifiquement pour apprendre de manière organisée et systématique, pour donner accès à la culture à tous, au cours de la scolarité obligatoire. L'école possède ainsi la mission de mettre les jeunes en relation avec le savoir et la culture, c'est-à-dire l'ensemble des aspects qui caractérisent une civilisation et qui permettent de développer le goût, le sens critique et le jugement. Cela s'inscrit dans la finalité d'instruire les jeunes, comme nous l'avons vu au cinquième chapitre.

8.2.   Le rapport au savoir du personnel enseignant

Le personnel enseignant a toujours eu comme rôle d'ouvrir les jeunes générations à des connaissances systématiques et à une culture socialement partagée. Bien sûr, les contenus enseignés sont déterminés par les autorités éducatives. Or, le contenu du savoir et de la culture peut changer dans le temps. On en a un exemple actuellement avec les nouveaux programmes d'études ; certains contenus sont mis à l'écart et même éliminés, certains subissent des modifications et sont mis à jour, d'autres sont ajoutés, car ils correspondent aux besoins d'aujourd'hui et de demain. Cependant, le rôle fondamental du personnel enseignant de servir d'intermédiaire entre le savoir, la culture et les élèves est permanent.

La réforme incite le personnel enseignant à agir de plus en plus professionnellement dans toutes les dimensions de sa tâche. Aussi, dans son ouvrage de référence pour la formation à l'enseignement, le ministère de l'Éducation (2001a) considère que les compétences liées à la culture, au savoir et à la langue d'enseignement sont fondamentales. Nous allons examiner plus précisément ce que cela signifie au point de vue éthique.

8.2.1. Le personnel enseignant héritier, critique et interprète de la culture

Le personnel enseignant est d'abord **héritier** de la culture de la société dans laquelle il vit. Il ne peut ignorer l'histoire et les apports de la culture générale puisque son rôle est d'être un intermédiaire entre la culture et les élèves. Cela implique qu'il doit posséder des connaissances suffisantes pour situer les contenus enseignés dans leur contexte et montrer leur évolution. Un enseignant de musique, par exemple, doit connaître les étapes importantes de l'histoire de la musique et des styles musicaux, tout autant qu'il doit connaître la musique et les compositeurs actuels.

Le personnel enseignant est ensuite **critique** par rapport au savoir et à la culture, en particulier par rapport à sa propre culture. Il doit ainsi être attentif aux préjugés et aux idées toutes faites qui pourraient être les siennes. Nous avons déjà vu, d'ailleurs, qu'elles pourraient générer des conduites qui pénalisent certains élèves. Mais, elles pourraient aussi fausser son jugement par rapport aux connaissances à faire acquérir aux élèves. Par exemple, l'enseignant de musique dont nous parlions plus haut devrait éviter d'imposer à ses élèves seulement les musiques qu'il préfère. De même, il ne devrait pas porter de jugement négatif à l'avance sur les musiques que ses élèves écoutent. Par contre, il pourrait les rendre plus conscients des enjeux commerciaux de certaines modes musicales. Certes, les phénomènes de mode et de publicité font aussi partie de la musique et de la culture. Cependant, l'enseignant a le pouvoir d'éveiller ses élèves à d'autres musiques que celles de leur environnement, à d'autres dimensions *culturelles que les plus visibles et les plus évidentes qui se trouvent dans leur environnement immédiat.

Le personnel enseignant est enfin **interprète**. Il doit chercher à faire comprendre ce qu'il connaît et à le partager avec les élèves. Cela suppose un intérêt et une sensibilité aux élèves qu'il a devant lui et une certaine connaissance de leurs goûts et de leurs savoirs. Notre enseignant de musique ouvre l'esprit et les oreilles de ses élèves à des formes de musique nouvelles pour eux ; il les aide à les comprendre et à les apprécier. Mais, pour ce faire, il doit savoir faire des liens entre le monde des élèves et ce qu'il veut leur faire découvrir et apprécier.

Dans tous les cas, les enseignantes et enseignants agissent à titre de « passeurs culturels ». Ils amènent les élèves dans un autre monde que celui de leur vie quotidienne, le monde de la culture, afin qu'ils aient accès à des éléments qui peuvent leur permettre de mieux se comprendre eux-mêmes et de mieux comprendre le monde qui les entoure. Cela implique qu'ils ne s'en tiennent pas uniquement à ce que les élèves aiment et veulent savoir, mais qu'ils les introduisent à d'autres domaines. Les enseignantes et enseignants sont des média-teurs culturels. Rien de tout cela n'est possible sans connaissances et sans culture, sans jugement et sans réflexion. Agir comme passeur culturel, c'est beaucoup plus que « passer de la matière », c'est ouvrir sur le monde grâce à la culture, au patrimoine de l'humanité.

8.2.2. Le personnel enseignant et la maîtrise de la langue de communication

Pour jouer leur rôle de passeurs culturels de manière adéquate, les enseignantes et enseignants ont besoin de maîtriser la langue fran-çaise orale et écrite qui véhicule le savoir et exprime la culture. Voilà une des raisons qui ont amené les universités et certaines commis-sions scolaires à faire passer des tests de français aux candidates et candidats à l'enseignement.

Un vocabulaire réduit, par exemple, ne permet que de véhiculer des notions limitées ou simples. À l'opposé, un vocabulaire juste et riche permet de préciser les notions et de les mettre en relief de façon rigoureuse. Les enseignantes et enseignants ne peuvent jouer leur rôle de passeurs culturels qu'avec un niveau de langage soutenu qui permet de comprendre les sciences, les arts, les lettres et les techno-logies et de les communiquer de manière correcte et professionnelle.

De plus, dans le domaine de la langue écrite et parlée, ils sont des modèles pour leurs élèves. Il leur serait bien difficile d'exiger des élèves une maîtrise qu'ils ne possèdent pas eux-mêmes. Rappelons-nous que la cohérence et la congruence font partie des qualités pro-fessionnelles du personnel enseignant que nous avons relevées au sixième chapitre.

8.3. Le rôle du personnel enseignant par rapport au savoir et à la culture

Il existe plusieurs façons pour les enseignantes et enseignants de servir de relais entre les élèves et le savoir. Ils peuvent d'abord mettre en évidence directement les connaissances qu'ils veulent trans-mettre à leurs élèves en faisant des exposés, des démonstrations, des présentations orales, en écrivant des textes, en répondant aux questions. Ce rôle plutôt traditionnel n'a pas complètement disparu avec la réforme, mais il a perdu son monopole et une partie de son lustre d'autrefois. La capacité de faire un exposé est une approche exigeante qui suppose des connaissances précises et organisées. On peut noter que le cours magistral vient du terme *magister* qui signifie trois fois plus grand. Le maître d'autrefois devait avoir trois fois plus de connaissances que ses élèves. On attend encore du maître d'aujourd'hui qu'il possède un excellent bagage de connaissances.

De manière moins directe qu'avec l'exposé, les enseignantes et enseignants peuvent aussi orienter les élèves vers d'autres ressources, leur apprendre à chercher et les aider à organiser ce qu'ils ont trouvé. Dans ce cas, c'est l'encadrement du travail de l'élève sur le savoir qui compte. Cela suppose des compétences de structuration, de classement et d'organisation, en même temps qu'une large connaissance du contenu. Pour faire réaliser une recherche en biologie et soutenir les élèves dans ce projet, par exemple, il faut des connaissances précises en biologie et en méthode expérimentale.

Peu importe la méthode utilisée, le rôle du personnel enseignant est de rendre le savoir significatif pour les jeunes. Que le savoir soit exposé de manière directe ou découvert par expériences, le personnel enseignant doit permettre aux élèves de faire des liens entre ce qu'ils apprennent et ce qu'ils vivent, de même que les aider à se connaître et à se situer dans le monde. Apprendre pour obtenir une note ou passer un examen ne donne accès à aucun savoir réel.

D'ailleurs, la réforme de l'éducation (MEQ, 2001b) prévoit un changement de paradigme en ce qui a trait au rôle du personnel enseignant par rapport au savoir en classe. Le passage du paradigme de l'enseignement au paradigme de l'apprentissage signifie que l'accent est mis sur le rapport dynamique de l'élève au savoir et non plus sur la personne de l'enseignant qui enseigne un savoir. Le point focal est l'apprentissage et le développement de l'élève. Il est tout de même intéressant de noter que depuis la modernisation du système scolaire dans les années 1960, le discours ministériel a toujours insisté pour mettre l'élève au centre de l'apprentissage. Ce principe pédagogique réitéré par la réforme suppose que les enseignantes et enseignants doivent, aujourd'hui plus que jamais, mettre en place des dispositifs pédagogiques qui donnent un rôle actif à l'élève dans son rapport au savoir. Le savoir constitue l'une des ressources fondamentales du savoir-agir qui caractérise la compétence, ne l'oublions pas.

Pour que la relation au savoir soit vivante et qu'elle participe vraiment au développement des jeunes, certaines attitudes et *valeurs intellectuelles doivent orienter le travail du personnel enseignant en classe. Le tableau 15 présente certaines de ces attitudes et valeurs.

Tableau 15
Les attitudes et les valeurs intellectuelles

- La conviction que le savoir est préférable à l'ignorance, que l'apprentissage scolaire est une occasion de progrès personnel et social;
- Une certaine curiosité intellectuelle;
- Le goût de la recherche et le sens de l'effort intellectuel nécessaire pour l'entreprendre;
- Le sens critique pour évaluer ce qui vaut la peine d'être connu et refuser les faux savoirs de toute nature;
- Le respect des savoirs validés scientifiquement et socialement;
- L'honnêteté de reconnaître ses erreurs ou ses incertitudes;
- Le respect de la propriété intellectuelle, en particulier le refus du plagiat et de la fraude.

Comme on peut le voir dans cette liste, il existe une éthique liée au domaine des connaissances qui est commune au personnel enseignant et aux chercheurs parce que ces deux types de professionnels ont un rapport privilégié au savoir. Les premiers l'enseignent, les seconds le développent.

8.4. Les savoirs nécessaires aux professionnels de l'enseignement

Les savoirs spécialisés des enseignantes et enseignants, comme c'est le cas pour tous les autres professionnels, sont reconnus par un diplôme et permettent de définir ce sur quoi repose leur agir professionnel. Le ministère de l'Éducation (2001a) a classé les savoirs spécialisés nécessaires à l'enseignement sous les quatre catégories qu'on retrouve au tableau 16.

Non seulement ces savoirs sont spécialisés, mais ils sont également en évolution constante. Sans connaissance suffisante des domaines *disciplinaires, des méthodes d'enseignement, des jeunes et sans connaissances culturelles, il est impossible d'enseigner. Si ces connaissances viennent à manquer de façon évidente ou répétée, alors

Tableau 16
Les savoirs spécialisés nécessaires à l'enseignement

- Des savoirs disciplinaires liés aux matières enseignées;
- Des savoirs *didactiques qui ont trait aux méthodes d'enseignement et d'apprentissage des matières;
- Des savoirs *psychopédagogiques relatifs au développement des enfants et des adolescents, aux composantes de l'acte d'enseigner et aux contextes d'apprentissage;
- Des savoirs culturels qui touchent à la société et à la culture ainsi qu'aux rôles du personnel enseignant dans l'école.

la personne ne peut pas témoigner d'une réelle compétence professionnelle puisqu'elle ne peut pas mobiliser ces connaissances dans son intervention. Elle est alors tout simplement incompétente.

Parmi les différents savoirs nécessaires à la pratique professionnelle enseignante, l'accent est mis, dans le cadre de la réforme, sur les savoirs psychopédagogiques qui vont favoriser l'apprentissage. Beaucoup d'enseignantes et enseignants qui ont répondu à notre enquête pensent d'ailleurs ainsi. Il ne faudrait cependant pas conclure trop vite que les savoirs culturels sont très secondaires. Au contraire, l'enseignant héritier, critique et interprète doit posséder de solides connaissances pour jouer son rôle de passeur culturel. Il doit aussi maîtriser sa matière de façon évidente pour l'enseigner ou encadrer l'apprentissage des élèves. Bien qu'ils puissent être maîtrisés selon des degrés divers par chaque membre du corps enseignant, tous ces savoirs sont importants pour enseigner.

Une fois ce principe reconnu, il faut distinguer les niveaux d'enseignement et les degrés de complexité des connaissances à posséder pour enseigner. Certes, toute personne qui enseigne doit maîtriser des savoirs disciplinaires, mais ceux-ci sont moins complexes au préscolaire et au primaire qu'au secondaire. À l'exception des spécialistes d'art (musique, danse et art dramatique), de morale et d'éducation physique, les enseignantes et enseignants du préscolaire et du primaire sont des généralistes, ce qui implique quand même qu'ils doivent posséder beaucoup plus de connaissances et de culture générale que leurs élèves. Comment pourrait-on faire comprendre et maîtriser l'accord du participe passé si on ne le comprend pas et ne le maîtrise pas soi-même ? Au secondaire où les enseignantes et enseignants sont des spécialistes d'une discipline ou d'un domaine de connaissances, les connaissances nécessaires pour enseigner sont plus complexes et varient d'un cycle à l'autre, mais le savoir disciplinaire reste partout essentiel. Le philosophe Olivier Reboul (1980) rappelle très justement qu'enseigner signifie d'abord « enseigner quelque chose ».

Au point de vue éthique, on doit ajouter que ce « quelque chose » doit être maîtrisé par le personnel enseignant sinon celui-ci ne peut remplir sa mission première qui est d'instruire les jeunes. Un enseignant qui ne possède que des connaissances désuètes, imprécises ou inexactes ne peut favoriser le développement intellectuel de ses élèves. On imagine mal, par exemple, une enseignante de sciences humaines qui ne tiendrait pas compte de la chute du rideau de fer et de l'éclatement de l'URSS survenus dans les années 1990 lorsque la classe traite des pays de l'Europe de l'Est. Les élèves sont injustement pénalisés par l'ignorance de leur enseignante ; ils perdent leur temps à l'école et risquent de perdre leur intérêt pour apprendre et leur confiance dans l'école. Leur réussite scolaire peut également être compromise. Les conséquences de l'incompétence professionnelle sont graves pour les personnes qui sont censées recevoir des services professionnels de bon niveau. C'est la raison pour laquelle l'incompétence est fortement pénalisée par les ordres professionnels et considérée comme motif de suppression du brevet d'enseignement par la *Loi sur l'instruction publique*.

8.5.   Le défi de la formation continue

Nous avons vu, avec le triangle pédagogique, que les enseignantes et enseignants sont des intermédiaires entre les élèves et le savoir. Pour que cette relation soit significative, vivante et inspirante, il faut qu'ils soient eux-mêmes dans une relation significative avec le savoir. Un enseignant qui n'a pas ou qui n'a plus de curiosité intellectuelle, par exemple, peut difficilement éveiller ses élèves au désir d'apprendre. À cet égard, comme dans plusieurs autres cas que nous avons vus jusqu'à présent, les enseignantes et enseignants sont des modèles pour les jeunes. Si le savoir n'a pas beaucoup d'importance pour eux, il risque de ne pas en avoir beaucoup non plus pour leurs élèves. Voilà la première raison qui milite en faveur d'une formation continue.

La deuxième raison est liée à la professionnalisation de l'enseignement. Pour maintenir leur compétence professionnelle, les enseignantes et enseignants ont besoin de se tenir à jour non seulement en ce qui concerne les méthodes, les manuels et les techniques, mais aussi en ce qui concerne l'ensemble de leurs savoirs spécialisés. Aucun professionnel ne peut pratiquer en s'appuyant uniquement sur ses années de formation universitaire. C'est la raison pour laquelle les ordres professionnels proposent des formations continues à leurs membres et que les commissions scolaires ont l'obligation légale d'en fournir au personnel enseignant. Le devoir de se tenir à jour est d'ailleurs une responsabilité de chaque enseignante ou enseignant inscrite dans la *Loi sur l'instruction publique*.

La troisième raison tient à l'évolution rapide des connaissances dans notre société du savoir. Les enseignantes et enseignants ne peuvent éduquer les jeunes pour vivre dans cette société sans essayer de comprendre et de suivre l'évolution des connaissances. Ils les forment pour le présent et pour le futur.

La formation continue est une obligation légale pour les enseignantes et enseignants, mais aussi une responsabilité éthique pour consolider leur compétence. Pour ce faire, ils peuvent demander des formations sur mesure à leurs directions d'école et à leurs commissions scolaires. Ils peuvent s'entraider, partager leurs connaissances entre collègues dans l'école et au sein d'associations professionnelles d'enseignantes et d'enseignants. Ils peuvent aussi participer à des recherches-action et à des recherches *collaboratives dans leur école, de façon à se développer professionnellement à l'intérieur d'une équipe composée de chercheurs et d'enseignants. En dehors de ces actions collectives, les enseignantes et enseignants peuvent individuellement suivre des cours, participer à des colloques, utiliser des centres de ressources informatisées, développer leur culture personnelle et professionnelle par la lecture, la visite de musées, la recherche documentaire, les voyages. Pour enseigner, il est souhaitable, voire fondamental, de rester soi-même dans une démarche d'apprentissage.

Nous avons vu dans ce chapitre que les enseignantes et enseignants ont une relation privilégiée avec le savoir dont ils favorisent l'accès et la maîtrise chez leurs élèves. Ils sont autant définis par leur relation aux élèves que par leur relation au savoir. Comme professionnels, les membres du corps enseignant ont la responsabilité de maintenir à jour leurs connaissances spécialisées pour assumer leur mission sociale. Bien sûr, les connaissances seules ne suffisent pas à produire un bon enseignement, car pour intervenir, il faut aussi les utiliser à bon escient. Mais elles demeurent absolument indispensables.

■ QUESTIONS DE COMPRÉHENSION ET DE RÉFLEXION

1. Comment appellerait-on un professionnel qui serait en relation au savoir, mais qui n'aurait pas de relation avec des élèves? Sur quels éléments pourrait-il fonder son éthique professionnelle?

2. En vous référant à l'Annexe 6, faites le compte des professions médicales et paramédicales reconnues dans notre société. Que pouvez-vous conclure du développement des connaissances dans notre société? Quels autres domaines de cette liste vous apparaissent significatifs par rapport au développement du savoir?

3. À partir d'un exemple précis pris dans votre ordre d'enseignement ou dans votre discipline, expliquez en quoi l'incompétence relative au savoir enseigné est un manque d'éthique pour une personne qui enseigne.

4. Un enseignant peut-il mentir à ses élèves par conviction personnelle à propos d'un contenu d'enseignement obligatoire selon le MEQ, par exemple, en faussant des statistiques ou en négligeant volontairement une partie de l'information? Justifiez votre réponse. Connaissez-vous des exemples qui illustrent cette situation?

5. Que peut faire un enseignant devant une question d'un élève dont il ne connaît pas la réponse? Quelle valeur intellectuelle présentée dans ce chapitre pourrait l'inspirer? Que doit-il faire pour être éthiquement responsable?

6. Selon votre conception personnelle de l'enseignement, qu'est-ce qui a la priorité: la relation pédagogique ou la relation au savoir? Que pouvez-vous conclure à propos de votre éthique professionnelle?

7. Que signifie pour vous l'expression: être un intellectuel? Pensez-vous que les enseignantes et enseignants sont des intellectuels?

■ ATELIERS

ATELIER 1.
TRAVAIL EN ÉQUIPE: LA MATIÈRE ENSEIGNÉE

Un jeune enseignant est à l'emploi d'une commission scolaire où il n'a pas encore de poste permanent. Son directeur d'école secondaire lui annonce en juin qu'il devra enseigner en science et technologie à la rentrée prochaine. Or, il n'a fait aucun cours universitaire dans ce domaine lors de son baccalauréat en enseignement au secondaire.

▶ *Première étape*

- Dans un premier temps, imaginez individuellement toutes sortes de solutions pour l'enseignant dans cette situation, même les plus farfelues.
- Dans un deuxième temps, déterminez ensemble quelles seraient les solutions qui manifesteraient une éthique professionnelle chez cet enseignant.
- Dans un troisième temps, discutez de ce que vous pourriez faire pour aider ce collègue, individuellement et collectivement.

▶ *Deuxième étape*

Retour en grand groupe pour discuter des points soulevés par les différentes équipes par rapport à cette situation.

ATELIER 2.
TRAVAIL EN ÉQUIPE: NOTRE HÉRITAGE

Lorsque le ministère de l'Éducation écrit que l'enseignante ou l'enseignant est un héritier, un critique et un interprète de la culture, il met de l'avant une forme de rapport au savoir qui caractérise le personnel enseignant.

▶ *Première étape*

RÉFLEXION PERSONNELLE: RAPPELEZ-VOUS VOTRE PASSÉ DANS VOTRE FAMILLE, DANS VOTRE MILIEU SOCIAL ET À L'ÉCOLE.

- Précisez ce que vous avez reçu en héritage au point de vue culturel.
- Indiquez ce que vous conservez de cet héritage culturel qui peut vous servir ou qui vous sert dans votre travail à l'école avec les élèves.

▶ **Deuxième étape**

PARTAGEZ ENTRE VOUS LES ÉLÉMENTS REÇUS EN HÉRITAGE ET CONSERVÉS.

- Que remarquez-vous ?
- Partagez-vous certains points communs ? Lesquels ?

PRÉPAREZ QUELQUES EXEMPLES D'HÉRITAGE CULTUREL ET DE PRATIQUES QUE VOUS PRÉSENTEREZ AU GRAND GROUPE.

▶ **Troisième étape**

Retour en grand groupe sur les éléments dégagés par les différentes équipes.

CHAPITRE

9

Les valeurs professionnelles du personnel enseignant

Après avoir lu ce chapitre et discuté de son contenu, vous devriez être en mesure de :

- Préciser le sens du terme *valeur utilisé en *éthique ;

- Distinguer les valeurs personnelles, les valeurs professionnelles et les valeurs sociales ;

- Reconnaître les valeurs professionnelles des enseignantes et enseignants dans les différentes dimensions de leur tâche ;

- Être sensibilisé à l'éventualité de *conflits de valeurs dans la vie professionnelle enseignante ;

- Connaître les caractéristiques de la *délibération éthique comme mode de prise de décision dans une situation où se présente un problème éthique.

La question des valeurs se trouve au cœur de l'éthique. Quand on parle d'éthique, c'est toujours en se référant à des valeurs, bien que ces dernières ne soient pas toujours très clairement définies.

La démarche éthique se présente, en effet, comme une recherche de vie meilleure à l'aide de valeurs partagées et d'un idéal à optimiser en l'actualisant dans la pratique.

Nous avons vu, au premier chapitre, que la demande d'éthique s'exprime dans de nombreux domaines de nos sociétés modernes. On peut même dire qu'il y a un appel général à davantage de valeurs, qui s'adresse aux personnes dans leur vie personnelle et dans leur vie sociale. De plus, les professionnels sont particulièrement interpellés par cette demande en raison des conséquences de leurs interventions effectuées sur les personnes dans le cadre de la relation profession-nelle. C'est dans ce contexte que l'éthique et les valeurs qui lui sont liées peuvent contribuer à aider à mieux réaliser la vie professionnelle enseignante.

Nous avons également remarqué, au deuxième chapitre, que la religion, la morale, l'éthique et le droit sont des *régulations sociales qui s'appuient sur des valeurs qui sont toutes différentes mais qui possèdent pourtant un point commun : elles sont des références pour le jugement et pour l'action. Elles aident ainsi à prendre des décisions et à mener sa vie. C'est ce qui est illustré par la figure 3.

Figure 3
Les valeurs au centre des régulations sociales

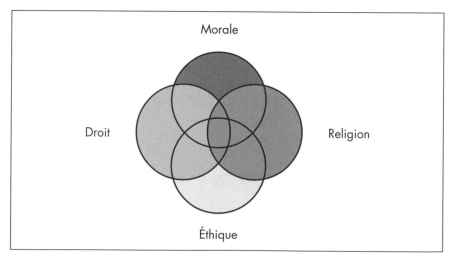

Nous allons envisager, dans ce chapitre, les valeurs auxquelles les enseignantes et enseignants peuvent recourir pour prendre des décisions éthiques et comment ils peuvent le faire. Pour commencer, nous allons définir sommairement ce que sont les valeurs.

9.1.   Présentation générale des valeurs

Les valeurs sont d'abord des éléments d'un idéal de vie humaine considérée comme bonne ou meilleure que ce qui existe actuellement. Elles servent de référence pour apporter plus d'humanité à notre monde, pour respecter davantage les personnes. Le dictionnaire Robert (1988) donne la définition suivante du mot valeur qui peut facilement s'appliquer au domaine de l'enseignement : « Ce en quoi une personne est digne d'estime (au regard des qualités que l'on souhaite à l'homme dans le domaine moral, intellectuel, professionnel) ».

9.1.1. Les valeurs morales

Les valeurs peuvent être classées sous différentes rubriques. Ainsi, les valeurs peuvent être morales comme la générosité, sociales comme la solidarité, écologiques comme le développement durable, intellectuelles comme la curiosité intellectuelle ou esthétiques comme la beauté. Mais, le plus souvent, on se réfère au domaine moral quand on envisage des valeurs.

Nous avons vu que la morale considère les qualités morales que doivent développer les personnes comme des *vertus. Cela nous montre que pour exister, les valeurs doivent être incarnées, vécues par des personnes, exprimées dans des actes observables et reconnaissables. Ainsi, la générosité n'existe comme valeur que parce que des personnes sont généreuses en partageant leur temps, leurs talents ou leurs ressources auprès des autres, auprès de personnes dans le besoin.

9.1.2. La composante affective des valeurs

Les valeurs ont aussi une composante affective importante car elles sont des convictions auxquelles on croit : on pense qu'il vaut la peine de les défendre et même de faire des sacrifices pour elles. C'est la raison pour laquelle le philosophe de l'éducation Olivier Reboul définit la valeur de la façon suivante : « Est valeur ce qui *vaut la peine*, c'est-à-dire ce qui mérite qu'on lui sacrifie quelque chose » (Reboul, 1989). Ainsi les valeurs correspondent à une aspiration à un monde meilleur, à des croyances intimes qui peuvent être assez profondes et que l'on défend avec émotion. Il est parfois difficile de discuter calmement de valeurs. Cela explique pourquoi les conflits de valeurs sont difficiles à vivre. Cependant, tout ne peut pas être considéré comme une valeur sous prétexte qu'on y croit ou qu'on les vit.

9.1.3. Les valeurs et les normes

Les valeurs sont souvent confondues avec des *normes, c'est-à-dire des règles de comportement. Les règles disent ce qu'il faut faire ou ne pas faire, alors que les valeurs disent au nom de quoi il faut suivre les normes. Ainsi, les règles de discussion dans une classe indiquent que chacun parle à son tour et que les insultes ne sont pas tolérées. C'est en vertu d'une valeur, le respect des personnes, qu'elles sont établies par les enseignantes et enseignants. La valeur peut alors être vue comme fondement des normes. Mais elle peut aussi être considérée comme un idéal qu'on valorise et qu'on désire actualiser dans la pratique concrète.

9.1.4. Les valeurs désirées et les valeurs vécues

Les valeurs représentent un idéal de vie qui n'est jamais atteint, mais vers lequel on peut tendre et cheminer. Entre les valeurs que l'on désire vivre et celles que l'on vit réellement, il peut y avoir de notables différences. Le pédagogue Claude Paquette (1991) parle alors de valeurs de référence pour les premières et de valeurs de préférence pour les secondes. Il pose cependant que l'idéal est d'harmoniser les valeurs de nos discours et les valeurs de nos pratiques concrètes.

9.2.   Les niveaux de valeurs

Il existe différents types de valeurs auxquelles chaque personne peut se référer selon qu'elle se considère comme un individu isolé ou comme un élément d'un groupe social auquel elle appartient. Le groupe professionnel fait d'ailleurs partie de ces groupes qui partagent des valeurs communes auxquelles on peut se reporter pour l'intervention. C'est pourquoi nous allons maintenant examiner les types de valeurs auxquelles les enseignantes et enseignants comme professionnels peuvent avoir recours pour guider leurs interventions et leurs relations. Trois catégories de valeurs seront analysées : les valeurs personnelles, les valeurs professionnelles et les valeurs sociales.

9.2.1. Les valeurs personnelles

Les valeurs personnelles sont acquises en grande partie pendant l'enfance par l'éducation familiale. Elles peuvent dans certains cas comprendre des valeurs religieuses présentes dans le milieu de vie. Les valeurs personnelles sont les valeurs auxquelles on se réfère automatiquement, sans y penser, parce qu'elles ont été intégrées depuis longtemps et bien avant qu'on ait eu la possibilité de les contester ou de les critiquer. Parmi ces valeurs se trouvent aussi celles qui ont été acquises plus tard auprès de personnes significatives comme des amis, d'autres membres de la parenté, des enseignantes et enseignants. Bien qu'elles ne soient pas toujours explicites, les valeurs personnelles peuvent être déterminantes dans les choix de vie. Elles ont d'ailleurs beaucoup d'importance dans la construction de la personnalité de chaque individu, car elles constituent en grande partie ce que sont les personnes et ce qu'elles désirent devenir. Dans la société québécoise où les personnes et leurs droits sont importants, les valeurs sont le plus souvent perçues comme des choix individuels. Ce n'est pas le cas dans des sociétés traditionnelles où, au contraire, les valeurs sont surtout sociales : celles de la famille, du village, du clan, de la tribu ou de l'ethnie.

Les enseignantes et enseignants sont habités par des valeurs personnelles qui peuvent colorer leur conception de leur profession et leurs façons d'enseigner, qu'ils en soient conscients ou non. Cela est d'ailleurs particulièrement observable dans le cas des familles d'enseignants. Il est donc important pour chaque enseignante ou enseignant de prendre le temps de réfléchir à ses valeurs personnelles pendant sa formation et avant de commencer à enseigner, de façon à s'assurer que celles-ci ne soient ni en opposition avec celles de la société qui lui donne le mandat d'enseigner ni avec celles de sa future profession (Desmeules, 2000). C'est un exercice qui peut être repris en cours de carrière au besoin et qui sera même essentiel en cas de *dilemme éthique, comme nous le verrons plus loin dans ce chapitre.

9.2.2. Les valeurs professionnelles

Les valeurs professionnelles sont en quelque sorte intermédiaires entre les valeurs personnelles et les valeurs sociales puisqu'elles ne concernent qu'un groupe social particulier, celui des professionnels. De plus, elles sont en partie spécifiques à chaque profession ; les valeurs professionnelles des enseignantes et enseignants ne sont pas tout à fait les mêmes que celles des dentistes ou des arpenteurs-géomètres. Les valeurs professionnelles qui sont partagées par les membres d'une même profession déterminent une grande part de leur éthique professionnelle. Par exemple, nous avons vu que dès l'Antiquité le Serment d'Hippocrate a précisé des valeurs essentielles pour les médecins, auxquelles ces derniers continuent à se référer. Les valeurs professionnelles sont acquises par les nouveaux profession-nels lors de leur formation initiale et surtout grâce à l'exemple de leurs pairs expérimentés. Elles sont généralement inscrites dans les textes fondateurs des associations et des ordres professionnels comme des principes de base destinés à orienter les interventions. Elles défi-nissent ainsi en grande partie l'esprit de chaque profession. Plus elles sont claires, connues, diffusées parmi les membres de la profession, plus elles permettent aux professionnels de les vivre dans leur travail et d'être reconnus comme porteurs de valeurs spécifiques. Les valeurs professionnelles communes sont un élément important de cohésion dans les groupes. D'ailleurs, les groupes ont la responsabilité de déterminer eux-mêmes leurs valeurs professionnelles et de les vivre au quotidien dans l'exercice professionnel.

Comme professionnels, les enseignantes et enseignants peuvent recourir au texte de la *Loi sur l'instruction publique*, à des codes d'éthique locaux, quand ils existent, et à des principes généraux contenus dans certains textes du ministère de l'Éducation du Québec pour déterminer leurs valeurs professionnelles, mais ils ne disposent pas actuellement d'un texte officiel spécifique à ce sujet. Nous verrons plus loin dans ce chapitre comment il peut être possible de préciser leurs valeurs professionnelles.

9.2.3. Les valeurs sociales

Les valeurs sociales sont largement partagées dans l'ensemble de la société bien que des personnes puissent individuellement se distan-cier d'elles en étant *dissidentes ou *marginales. La société québécoise est caractérisée par les valeurs chrétiennes qui ont été à la base de sa fondation et qui depuis ce temps se sont transmises par l'éducation, les coutumes et le droit. Elle privilégie le respect des personnes et de leurs droits individuels qu'elle a même intégré dans sa *Charte des droits et libertés de la personne*. Cette société considère actuellement le respect des personnes, l'autonomie, l'égalité entre les hommes et les femmes, la liberté, la responsabilité et la solidarité comme des valeurs importantes. Or, l'école est une institution qui a non seulement pour mandat d'instruire et de *qualifier, mais aussi de *socialiser les élèves, comme nous l'avons vu au cinquième chapitre. Cette socialisation passe par l'acquisition de valeurs communes nécessaires pour vivre dans la société québécoise.

Les enseignantes et enseignants ne peuvent se situer totalement en dehors des valeurs de la société dans laquelle ils travaillent sans risquer le malaise ou même l'incohérence. Pour assumer leur rôle, il leur faut eux-mêmes être plutôt en accord avec les valeurs que la société leur demande de faire acquérir aux élèves. Un enseignant ne pourrait pas, par exemple, faire la promotion de la violence ou de la liberté absolue, car ces réalités sont en contradiction totale avec le respect des personnes et la responsabilité qui sont des valeurs sociales importantes au Québec. Cette tâche est particulièrement délicate quand les élèves proviennent d'autres cultures où les valeurs sont très différentes de celles du Québec. On peut penser aux cultures où le groupe est plus important que les personnes ou bien encore aux pays où les droits individuels ne sont pas respectés. Disons que justement dans ces cas, le rôle de socialisation de l'école est encore plus nécessaire et l'implication des enseignants avec les élèves et leurs familles en ce qui concerne l'éducation aux valeurs sociales d'autant plus précieuse.

L'école est un lieu d'intégration sociale important et cette inté-gration passe par une éducation aux valeurs sociales. Cette éducation aux valeurs sociales peut prendre soit la forme de l'éducation à la citoyenneté, soit être mise en œuvre et véhiculée par le fonctionne-ment démocratique de la classe. Tous les membres du corps ensei-gnant sont concernés par les valeurs sociales portées par l'école. Ce n'est pas le rôle exclusif des enseignantes et enseignants de religion, de morale ou d'éducation à la citoyenneté. Ainsi que l'ont noté les philosophes de l'éducation comme John Dewey et Olivier Reboul, il n'y a pas d'éducation sans valeurs. Les enseignantes et enseignants jouent un rôle de premier plan par rapport à la promotion des valeurs

de la société transmises dans l'école. Ils ont à cet égard une responsabilité sociale et éducative importante à laquelle ils ne peuvent pas
se soustraire. La figure 4 illustre comment ils sont porteurs à la fois
de valeurs comme personnes particulières, comme professionnels de
l'enseignement et comme citoyens du Québec.

Figure 4
Les niveaux de valeurs du personnel enseignant

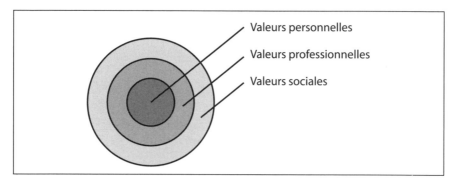

Valeurs personnelles
Valeurs professionnelles
Valeurs sociales

9.3.   Les valeurs professionnelles du personnel enseignant

Il est temps de présenter de façon synthétique l'ensemble des valeurs
que nous avons abordées depuis le début de ce livre et qui se retrouvent
presque dans chaque chapitre. Cela montre bien à quel point les
valeurs sont centrales en éthique professionnelle. On retrouve ces
valeurs au tableau 17.

À la base de ces valeurs, il existe une valeur fondamentale qui
fonde l'éducation et tous les métiers et professions liés à cette tâche.
C'est la foi en l'éducation, justement. Personne ne peut enseigner sans
croire en l'éducation, en la possibilité d'aider les personnes à se
développer quels que soient leur situation ou leurs talents. Le pédagogue Philippe Meirieu (1991) a parlé à ce sujet du «pari d'éducabilité»
que fait chaque membre du corps enseignant quand il met tout en
œuvre pour aider les personnes à apprendre. Avant de parler des
valeurs dans l'éducation, il faut reconnaître la valeur de l'éducation.

Tableau 17
Les valeurs professionnelles du personnel enseignant

- En premier lieu, le respect des personnes et la sauvegarde de leur dignité dans l'enseignement. Le respect des élèves est un des fondements de l'éthique professionnelle enseignante. Ce respect est beaucoup plus que la considération des droits des personnes. C'est un *souci éthique, une considération de chaque personne dans ce qu'elle a d'unique, une façon de tenir compte de sa liberté et de sa responsabilité. Mais nous verrons au dixième chapitre que le personnel enseignant travaille aussi avec tout un ensemble de personnes également dignes de respect comme les collègues, les membres du personnel scolaire et les parents.

- En deuxième lieu, le respect des lois et des droits individuels garantis par les lois et les chartes qui s'appliquent partout, y compris à l'école.

- En troisième lieu, le respect du contrat social qui lie le personnel enseignant au ministère de l'Éducation. Il implique un engagement professionnel pour instruire, socialiser et qualifier les jeunes. Leur responsabilité est engagée à ce sujet, en ce qui concerne les moyens pris pour y parvenir, mais pas en ce qui concerne les résultats, comme nous l'avons déjà indiqué.

- En quatrième lieu, la responsabilité de l'utilisation du pouvoir nécessaire pour intervenir. Par rapport à leurs élèves, les enseignantes et enseignants sont tenus à l'*impartialité qui est une forme de justice dans l'intervention, à la discrétion qui est une forme de respect de la vie privée, à l'*empathie qui est une forme d'amour.

- En cinquième lieu, diverses valeurs liées au respect du *savoir: la curiosité intellectuelle, le goût de la recherche et de l'effort, le sens critique, le respect de la vérité, l'honnêteté intellectuelle et le respect du travail d'autrui.

9.4.   Les conflits de valeurs

Vivre des valeurs professionnelles au quotidien n'a rien d'automatique. Non seulement il faut connaître les valeurs, mais en plus, il faut réfléchir, exercer son jugement, prendre des décisions en accord avec ces valeurs et plonger dans l'action. Les difficultés surviennent quand plusieurs valeurs sont en présence, qu'elles semblent s'opposer et qu'il faut néanmoins choisir parmi elles pour intervenir; c'est ce qu'on appelle un conflit de valeurs. Les personnes se trouvent alors devant un *dilemme éthique qu'il faut essayer de résoudre.

Disons-le tout de suite, ces situations sont courantes à l'école. Elles entraînent du désarroi, de l'inquiétude et parfois de la solitude pour les personnes concernées. C'est pourquoi il importe de s'habituer à réfléchir aux valeurs avant d'intervenir et de le faire entre collègues pour prendre des décisions éthiques par rapport aux problèmes qui surviennent au cours de la vie professionnelle.

vrai!

Nous avons vu que de nombreuses valeurs de divers types peuvent orienter le travail du personnel enseignant. Il peut arriver que les enseignantes et enseignants se sentent tiraillés entre deux valeurs de niveaux différents au moment de prendre une décision. Pour plus de commodité et au risque de schématiser ce qui est très complexe dans la réalité, nous allons examiner dans le tableau 18 différents cas de figure relatifs aux conflits de valeurs.

Tableau 18
Les cas de figure relatifs aux conflits de valeurs

---

1. Quand une valeur personnelle s'oppose à une valeur professionnelle

Dans ce cas, l'enseignante ou l'enseignant se sent confronté à une valeur personnelle qui ne lui semble pas en accord avec son rôle éducatif. Par exemple, un enseignant du primaire d'une école publique doit enseigner la religion pour garder son poste entier et ne pas perdre d'heures d'enseignement dans sa commission scolaire, bien qu'il ne soit pas croyant ou qu'il adhère de façon confidentielle à une autre religion que celle qu'il doit enseigner.

2. Quand une valeur professionnelle s'oppose à une valeur personnelle

Dans ce cas, l'enseignante ou l'enseignant est appelé par sa profession à intervenir d'une façon qui ne correspond pas à ses valeurs personnelles. Par exemple, une enseignante croit à la valeur de la compétition comme motivation au dépassement alors que la réforme lui demande d'utiliser le plus possible des méthodes de coopération dans sa classe.

3. Quand une valeur professionnelle s'oppose à une valeur sociale

Dans ce cas, l'enseignante ou l'enseignant se fonde sur une valeur partagée dans sa profession, mais qui n'est pas socialement acceptée. Ce cas est plus rare car les professions ne contestent pas, en général, l'ordre social. Par exemple, un enseignant en adaptation scolaire veut obtenir des services adaptés pour un élève en difficulté, comme son rôle le lui permet. Mais sa commission scolaire a mis des limites aux budgets de services complémentaires pour des raisons d'efficacité économique recommandées par le ministère de l'Éducation.

4. Quand une valeur personnelle s'oppose à une valeur sociale

Dans ce cas, l'enseignante ou l'enseignant se trouve tiraillé entre le respect d'une valeur personnelle à laquelle il croit et celle que la société lui impose par l'intermédiaire de l'école. Par exemple, une enseignante croit en la liberté individuelle, mais elle est obligée par l'école de faire obéir à un règlement qui enfreint la liberté des élèves tel le port d'un uniforme.

Dans tous ces cas et ceux qui s'y apparentent, nous voyons que l'enseignante ou l'enseignant a un choix à faire entre des valeurs qui lui paraissent toutes aussi importantes les unes que les autres, mais qui sont en contradiction entre elles. Il doit donner priorité à une valeur aux dépens d'une autre pour être en mesure d'intervenir. S'il choisit ses valeurs personnelles, il peut encourir des critiques sévères de la part de son employeur ou même perdre son emploi. Mais s'il y renonce, il risque de compromettre son estime de soi et d'être malheureux. S'il choisit de respecter des valeurs sociales plutôt que des valeurs professionnelles, il peut perdre une partie de sa *conscience professionnelle. Le choix d'une valeur par rapport à une autre entraîne toujours une perte douloureuse. C'est la raison pour laquelle les enseignantes et enseignants vont plutôt tenter de concilier les diverses valeurs en présence de façon à rester professionnels, de manière à se sentir cohérents avec eux-mêmes et leur profession dans la situation. En fait, il leur faut négocier un espace qui leur permet de faire leur travail de façon professionnelle tout en se respectant et en respectant leur milieu de travail (Legault, 1999). Ils le font comme ils peuvent, sans nécessairement pouvoir s'appuyer sur une méthode particulière et souvent sans grand soutien de leur environnement.

Qu'est-ce que l'éthique professionnelle pourrait apporter dans ces situations problématiques ? D'abord, des valeurs professionnelles explicites sur lesquelles se fier pour prendre des décisions. Ensuite, une pratique de la réflexion et de la prise de décision avec des collègues fondée sur des méthodes éprouvées. Enfin, la possibilité de justifier les décisions prises devant les personnes concernées. Ces trois éléments sont présents dans le modèle de la délibération éthique qui va maintenant être présenté sommairement.

9.5. La délibération éthique comme mode de résolution des conflits de valeurs

Le modèle de la délibération éthique que nous présentons a été élaboré par l'éthicien Georges A. Legault (1999) pour aider les professionnels à prendre des décisions éclairées là où se posent des *dilemmes éthiques. Il pourrait être très utile au personnel enseignant.

Commençons par préciser le sens du terme délibération. On dit qu'un juge ou un jury est en délibération quand il se retire pour délibérer, c'est-à-dire pour analyser les faits, revoir les témoignages et prendre une décision justifiée qu'il rendra de façon publique. Quand la délibération quitte le domaine du droit pour s'appliquer à l'éthique, on parle de délibération éthique. Une délibération a lieu lorsque la personne qui doit prendre une décision examine la situation, les conséquences possibles de sa décision sur les personnes concernées et les valeurs en jeu dans sa décision. Le but de la délibération est d'éclairer la prise de décision et les modalités d'action qui seront mises en œuvre ainsi que la communication de celles-ci aux personnes touchées par la situation. Cette méthode de travail vise la prise de décision éclairée et responsable. Elle ne propose pas de comportements particuliers, mais elle permet à des personnes ou à des groupes de chercher une solution à des situations difficiles ou inédites. Cette méthode sert à une démarche de prise de décision à propos d'un dilemme éthique. Le tableau 19 présente les quatre phases de la délibération éthique avec leurs sous-éléments respectifs.

Tableau 19
La délibération éthique selon Legault (1999)

Phase I : Prendre conscience de la situation

À cette étape, les personnes examinent le contexte et les éléments du dilemme, par exemple, qui sont les personnes concernées, quelles sont les conséquences positives ou négatives des choix éventuels sur ces personnes, sur des groupes ou des institutions. Les personnes qui participent à la délibération commencent par exprimer ce qu'elles feraient spontanément dans la situation, avant tout examen approfondi. Puis, elles déterminent toutes les règles, normes et lois qui peuvent s'appliquer à ce cas pour se rendre compte que, souvent, ces dernières ne suffisent pas pour prendre une décision éthique. Cette analyse permet de ne pas prendre trop vite une décision, sous le coup de l'émotion, ce qui pourrait se révéler par la suite inappropriée ou injustifiable.

Phase II : Clarifier les valeurs conflictuelles de la situation

À cette étape, les personnes discutent des valeurs en cause et cette discussion est bien souvent émotive, car chacun tient à ses valeurs. On est en plein cœur du dilemme éthique. Elles nomment les valeurs qui pourraient les aider à agir et pas seulement celles qui sont abstraites et théoriques. Cette discussion amène à voir plus clairement quel est le conflit de valeurs, donc à clarifier les éléments du dilemme éthique.

Phase III : Prendre une décision éthique
par la résolution rationnelle du conflit de valeurs dans la situation

À cette étape, les personnes choisissent de donner priorité à une valeur du conflit de valeurs. La valeur prioritaire permettra de prendre une décision et d'établir des modalités d'action, car c'est en son nom que l'on décide d'agir. Décider, c'est accorder la priorité à une valeur, ce n'est pas rejeter l'autre valeur. On ne choisit pas entre deux biens, on choisit de mettre l'un en priorité par rapport à l'autre. La décision doit être *rationnelle, c'est-à-dire que les personnes doivent pouvoir l'expliquer, la justifier entre eux et devant les personnes concernées exactement comme le juge qui rend son verdict devant la Cour et devant la société. Ce n'est pas un coup de force de ceux qui parlent le plus fort, c'est une décision collective. C'est à cette étape que les modalités de mise en œuvre de la décision sont élaborées tout en tenant compte de la valeur secondaire.

Phase IV : Établir un dialogue réel avec les personnes impliquées

À cette étape, les personnes présentent leur décision éclairée par les discussions et la réflexion qui ont mené à la prise de décision. Elles ne se contentent pas de dire : « Nous avons décidé ceci ou cela », mais elles expliquent les motifs de leurs choix, les arguments qui ont été retenus. Elles justifient leur décision aux personnes concernées. La décision n'est donc pas un choix *arbitraire.

Plusieurs éléments dans cette approche de la délibération éthique méritent d'être retenus par les enseignantes et enseignants. D'abord, le fait que les conflits de valeurs sont inévitables et qu'il est préférable de trouver un moyen de les régler d'une façon rationnelle plutôt que par des explosions émotives qui renvoient chacun à ses valeurs et ne règlent rien. Ensuite, l'idée confirmée par l'expérience que les conflits de valeurs sont plus aisément résolus par une réflexion de groupe que dans la solitude. Les personnes peuvent alors se référer à des valeurs collectives comme les valeurs professionnelles qui donnent des indications sur l'idéal professionnel qu'on désire actualiser dans les pratiques. Puis, la constatation que la discussion sur les valeurs passe inévitablement par des moments plus émotifs, mais qu'elle ne s'y limite pas. Il faut en effet utiliser les ressources de la raison pour arriver à une décision commune justifiée. Enfin, le fait que les décisions prises doivent être communiquées et expliquées aux personnes concernées. En utilisant cette approche, les enseignantes et enseignants peuvent s'habituer à résoudre ensemble les problèmes éthiques qui ne manquent pas de surgir dans leur pratique. Ils peuvent aussi confirmer leurs valeurs professionnelles, se soutenir dans la résolution de dilemmes, présenter et justifier aux élèves, aux collègues, à la direction, aux parents leurs décisions éclairées. Ils développent ainsi leur compétence éthique professionnelle.

Mais, s'il n'est pas possible d'utiliser la démarche de délibération collective dans un milieu, cette démarche peut aussi servir de base à la délibération individuelle. Cette démarche est basée sur l'évaluation des conséquences en fonction de la qualité des relations qui sont en cause dans la relation et sur la prise de décision en fonction des valeurs à optimiser dans l'agir.

Le modèle de prise de décision basé sur cette démarche de délibération situe bien ce qu'est l'éthique professionnelle. Se contenter de connaître quels comportements sont acceptables et lesquels sont inacceptables dans une profession, c'est agir en technicien pour qui à chaque problème correspond une solution. Agir en professionnel, c'est être capable d'analyser la situation ou le problème, de prendre la décision la plus appropriée dans les circonstances et de justifier son agir en fonction des finalités de son action.

■ QUESTIONS DE COMPRÉHENSION ET DE RÉFLEXION

1. Répondez sans prendre le temps de réfléchir longuement à la question suivante : Quelles sont vos valeurs personnelles ? Y avez-vous déjà réfléchi au cours de votre formation professionnelle ? Qu'est-ce que cet exercice vous apprend sur votre éthique professionnelle ?

2. Indiquez votre degré d'accord ou de désaccord avec les valeurs de la société québécoise qui ont été présentées dans ce chapitre en remplissant le tableau 20 ci-dessous.

Tableau 20
Les valeurs de la société québécoise

Les valeurs de la société québécoise	Je ne suis pas du tout d'accord	Je suis assez d'accord	Je suis tout à fait d'accord
Le respect			
L'autonomie			
L'égalité entre les hommes et les femmes			
La liberté			
La responsabilité			
La solidarité			

Qu'est-ce que cet exercice vous apprend sur vous-même ? Qu'en déduisez-vous sur l'éventualité de conflits de valeurs entre vos valeurs personnelles et celles de la société québécoise ? Que pensez-vous de votre rôle d'agent de socialisation auprès des élèves ?

3. Pensez-vous qu'il est possible pour une enseignante ou un enseignant de s'opposer à une norme de son école en s'appuyant sur ses valeurs personnelles ? Expliquez votre réponse.

4. À votre avis, à quel type de valeurs un membre du corps enseignant devrait-il accorder la priorité quand il est confronté à un conflit entre ses valeurs personnelles et des valeurs professionnelles ou sociales ?

5.   Rappelez-vous une décision importante que vous avez prise dans une situation à l'école, déterminez auquel des quatre conflits de valeurs présentés en 9.4 elle appartient et répondez rapidement en donnant votre solution spontanée par écrit. Puis, mettez en œuvre toutes les étapes de la délibération éthique pour résoudre ce conflit. Notez vos réflexions à chaque étape et comparez les résultats avec votre première résolution émotive.

■ ATELIERS

ATELIER 1.
TRAVAIL EN ÉQUIPE : LES CONFLITS DE VALEURS

▶ *Première étape*

Divisez le groupe en quatre équipes :

- Relisez les quatre types de conflits de valeurs présentés en 9.4 et attribuez un conflit par équipe.

▶ *Deuxième étape*

En équipe, répondez aux questions suivantes :

- Quelles sont les valeurs présentées ?
- Déterminez leur nature : sont-elles personnelles, professionnelles ou sociales ?
- Déterminez ensemble quelle valeur devrait avoir la priorité et pour quelles raisons.
- Que pourriez-vous faire pour concilier la valeur à laquelle vous avez donné priorité avec l'autre valeur présente dans ce conflit ?

▶ *Troisième étape*

Retour en grand groupe :

Chaque équipe présente à la classe le résultat de sa discussion.

ATELIER 2.
TRAVAIL EN ÉQUIPE : LA DÉLIBÉRATION ÉTHIQUE

Dans ce chapitre, une démarche de délibération éthique a été présentée. Chaque équipe est responsable de mettre en relief une situation vécue en classe qui a demandé à l'un des membres de l'équipe de prendre une décision éthique.

▶ *Première étape*

En équipe :

- Décrire la situation et indiquer le dilemme qui s'est posé à l'un des membres de l'équipe.
- Rapporter l'état d'esprit de la personne qui devait prendre la décision et le rationnel à la base de sa décision.

- Refaire la démarche de prise de décision à l'aide des quatre phases de la délibération éthique.
- Indiquer en quoi cette démarche a aidé à prendre la décision.

▶ **_Deuxième étape_**

RETOUR EN GRAND GROUPE :

Chaque équipe présente le résultat des situations analysées.

CHAPITRE

10

L'éthique professionnelle enseignante dans le cadre de l'école et du milieu de l'éducation

| Intentions pédagogiques |

Après avoir lu ce chapitre et discuté de son contenu, vous devriez être en mesure de :

- Préciser les *responsabilités professionnelles des enseignantes et enseignants en tant que membres de la communauté éducative ;

- Considérer l'engagement comme une *valeur professionnelle ;

- Connaître les différentes formes de participation profession-nelle du personnel enseignant dans le milieu de travail qu'est l'école ;

- Considérer les aspects éthiques des relations du personnel enseignant avec les autres professionnels en milieu scolaire ;

- Saisir ce que désigne la notion de *professionnalisme collectif.

L'école est le lieu de travail des enseignantes et enseignants et le lieu d'exercice de leur *éthique professionnelle. C'est dans des éta-blissements spécifiques de cette institution qui vise le développement des personnes que le personnel enseignant met en pratique ses compétences professionnelles, y compris celles relatives à l'éthique professionnelle.

Jusqu'à maintenant, il a beaucoup été question de la responsabilité et de l'éthique professionnelle assumées individuellement par les membres du corps enseignant. Dans ce chapitre, nous allons voir comment les enseignantes et enseignants peuvent également développer leur éthique professionnelle avec les autres adultes de l'école qui partagent avec eux la tâche d'éduquer les élèves. Nous sortons de la classe pour plonger dans l'école. Dans cette optique, il est important de considérer les enseignantes et enseignants non comme des personnes isolées qui travaillent exclusivement dans leur classe avec leurs élèves, mais comme des « membres d'une communauté éducative plus large qui s'étend à l'école et même en dehors de ses murs ». Cette expression, utilisée par le Conseil supérieur de l'éducation en 1998 dans son rapport consacré à l'école secondaire, est valable pour toutes les écoles. Les enseignants travaillent avec des collègues, des parents et des professionnels dans le cadre d'une école. Nous allons donc maintenant envisager la dimension *collaborative et *institutionnelle de l'éthique professionnelle enseignante.

10.1. Un nouveau contexte social et légal pour l'école

Depuis quelques années, le mode de fonctionnement de l'école québécoise a subi des modifications considérables en raison de la *décentralisation du système éducatif et de l'avènement de la réforme. Chacun de ces changements entraîne des répercussions importantes sur le rôle des membres du corps enseignant, sur leur pouvoir dans l'école et sur leurs responsabilités professionnelles.

La décentralisation du système éducatif provient d'une décision de l'État de passer d'un niveau de décision centralisé à un pouvoir de décision assumé par l'administration locale, c'est-à-dire les commissions scolaires et les écoles. Le partage des pouvoirs entre le ministère de l'Éducation, les commissions scolaires et les écoles, qui a résulté de cette décentralisation, donne davantage de pouvoir aux écoles. Maintenant chaque école a la possibilité, et même la responsabilité, de prendre davantage de décisions quant à son fonctionnement et son orientation. Chaque école peut, par exemple, organiser un enseignement enrichi, avoir des classes mixtes ou non, mettre en place des programmes spécialisés ou internationaux. Les enseignantes et enseignants peuvent avoir leur mot à dire par rapport à tous ces changements qui affectent considérablement leurs tâches. Pour ce faire, ils peuvent participer aux conseils d'établissements créés par la *Loi sur l'instruction publique* puisque ce sont les lieux de prise de décision dans les écoles. Non seulement ils le peuvent, mais ils le doivent. En effet, la Loi précise le nombre d'enseignants qui doivent obligatoirement faire partie de ce conseil, de même d'ailleurs que les autres catégories de membres.

La réforme vise la professionnalisation des enseignantes et enseignants à qui elle demande de devenir plus autonomes et plus responsables. C'est ainsi qu'ils sont invités à devenir davantage maîtres d'œuvre de leur travail, à prendre des décisions pédagogiques et à les assumer, à la fois individuellement et avec leurs collègues. Cette forme de responsabilité partagée se traduit dans le travail d'équipe donnant lieu, par exemple, à l'élaboration de matériel ou de projets ainsi qu'à la collaboration entre collègues à l'intérieur d'un cycle. Elle se manifeste également lorsque les personnes plus expérimentées veillent à l'intégration du nouveau personnel enseignant, pratique qui a tout avantage à se faire à l'intérieur d'une équipe ou d'un groupe. Elle peut aussi prendre la forme d'encadrement et de formation des stagiaires par le personnel enseignant de l'école. Ce qui est visé par la responsabilité partagée, c'est un travail de collaboration entre collègues, une véritable entraide, une certaine *collégialité.

Pour mettre en pratique cette collégialité, les enseignantes et enseignants ont besoin d'exercer leur autonomie collective et pas seulement leur autonomie individuelle, de discuter, de prendre des décisions, de les assumer et de les justifier collectivement. Ils deviennent responsables ensemble du travail réalisé ensemble. Cette nouvelle façon de concevoir et de vivre l'enseignement suppose que les personnes partagent des buts éducatifs et développent des méthodes de travail moins teintées d'individualisme et plus orientées vers la collaboration pour le bénéfice des élèves et des collègues.

La décentralisation du système éducatif et la réforme de l'éducation ont ainsi introduit des changements substantiels par rapport à l'exercice du pouvoir en milieu scolaire, de sorte que les écoles et le personnel enseignant détiennent désormais davantage de pouvoir, davantage d'autonomie, mais aussi davantage de responsabilités que par le passé. Ce contexte est très favorable au développement d'une éthique professionnelle plus collégiale.

10.2. L'école, une communauté éducative

Les enseignantes et enseignants font partie de la communauté éducative qu'est l'école. Ils partagent une tâche collective, celle de favoriser l'apprentissage et le développement des élèves. Les enseignantes et les enseignants en sont responsables avec les autres membres de cette communauté : les membres de la direction, les élèves, les parents et les représentants du milieu qui siègent au conseil d'établissement, et les membres des services éducatifs complémentaires. Le tableau 21 donne la liste de ces services, tels que les présente le Régime pédagogique.

Tableau 21
Les services éducatifs complémentaires

- Service de promotion de la participation de l'élève à la vie scolaire ;
- Service d'éducation aux droits et aux responsabilités ;
- Service d'animation, sur les plans sportif, culturel et social ;
- Service de soutien à l'utilisation des ressources documentaires de la bibliothèque scolaire ;
- Service d'information et d'orientation scolaire et professionnelle ;
- Service de psychologie ;
- Service de psychoéducation ;
- Service d'éducation spécialisée ;
- Service d'orthopédagogie ;
- Service d'orthophonie ;
- Service de santé et services sociaux ;
- Service d'animation spirituelle et d'engagement communautaire.

Source : MEQ, 2002, p. 14.

Les enseignantes et enseignants sont donc loin d'être seuls pour assumer toutes les visées éducatives de l'école. Bonne nouvelle ! Ils ne portent pas sur leurs seules épaules le poids de la réussite des élèves, mais ils partagent cette charge avec d'autres adultes et avec les élèves eux-mêmes. Pour assumer leur rôle, les différents membres de la communauté éducative interviennent dans l'enseignement, la vie scolaire et la gestion scolaire.

Dans cette communauté éducative, l'enseignement est le rôle spécifique des enseignantes et enseignants dans l'école. Ils assument ce rôle de deux manières : individuellement dans leur classe et avec les collègues au sein de l'équipe-école. Dans notre enquête, c'est justement à l'équipe-école que les personnes interrogées disent se sentir le plus directement rattachées, car c'est leur lieu de travail et d'appartenance. Or, le travail, tant au sein de l'équipe-école que dans les diverses équipes, comprend des exigences éthiques particulières. Il demande assurément une ouverture d'esprit, du respect et de l'engagement. On peut remarquer cependant que les qualités professionnelles actualisées dans les relations pédagogiques se rapprochent beaucoup de celles qui sont à la base des relations avec leurs collègues. Dans les deux cas, ce sont toujours des qualités relationnelles. De plus en plus, on considère que le travail en équipe constitue une façon d'apprendre, de se soutenir, de rompre avec la solitude. Les enseignantes et enseignants peuvent donc gagner beaucoup en prenant le risque de travailler et de collaborer avec les collègues.

Au-delà des responsabilités reliées à l'intervention pédagogique et aux apprentissages en classe, le personnel enseignant intervient aussi dans la vie de l'école, dans les activités parascolaires, dans la cour de récréation, dans les comités internes, dans les activités de promotion ou de collecte de fonds. Plus la vie de l'école est intense, plus les enseignantes et enseignants sont appelés à y participer. La vie scolaire n'est d'ailleurs pas indépendante de la réussite scolaire. Des recherches montrent, en effet, que les écoles qui favorisent le mieux la réussite scolaire des élèves sont celles où la participation des différents membres de la communauté scolaire est la plus significative. La participation à la vie de l'école fait donc aussi partie de la tâche professionnelle du personnel enseignant.

Quant à la gestion de l'école, elle est devenue, elle aussi, plus collective qu'autrefois. Les décisions importantes concernant les orientations de l'école sont discutées et votées au conseil d'établissement. Elles font également l'objet de consultations et de discussions avec tous les membres de la communauté éducative. Les codes de vie, par exemple, sont élaborés par les différents membres de la communauté et non uniquement par la direction de l'école. On pourrait envisager le même type de fonctionnement démocratique pour l'élaboration d'un code d'éthique dans l'école. Ce n'est pas par hasard que l'idée de démocratie vient d'être mentionnée. Pour qu'une communauté éducative fonctionne, il faut que ses membres participent à son fonctionnement, tout comme les citoyens participent à la démocratie en s'engageant dans la vie démocratique, en exprimant leurs besoins à leurs représentants élus et en allant voter. Si dans l'école chacun travaille dans son coin, il n'y a pas de véritable communauté éducative. La communication entre les personnes et les groupes, la discussion et la concertation avant la prise de décision sont essentielles pour qu'une communauté se construise.

Par ailleurs, la notion de communauté éducative est liée à celle de *partenariat éducatif. Les enseignantes et enseignants sont les partenaires éducatifs de toutes les autres personnes qui travaillent et qui viennent à l'école. C'est la raison pour laquelle ils sont responsables, avec toutes les autres personnes, de l'apprentissage et de la réussite de tous les élèves et qu'ils doivent justifier leur agir professionnel à cet égard. Nous avons vu que le fait de devoir rendre des comptes était une des caractéristiques des professionnels. La *reddition de comptes ne porte pas seulement sur les initiatives prises par chaque membre du personnel enseignant dans sa classe, mais sur l'ensemble des interventions prises par les divers membres de la communauté éducative.

S'il existe une occasion privilégiée de participer à la création d'une communauté éducative, c'est bien dans l'élaboration et la mise en œuvre concrète du projet éducatif de l'école. Ce projet est, en effet, une réalisation collective qui a des conséquences importantes pour tous les partenaires de l'école. Il donne à chaque école sa personnalité, sa couleur. Comme il est fondé sur des *valeurs choisies par la communauté éducative, il oriente toutes les décisions et les interventions. C'est pour cette raison que la *Loi sur l'instruction publique* exige que les membres du corps enseignant respectent le projet éducatif de l'école où ils travaillent. Au-delà de cette obligation *légale, il est généralement attendu d'eux qu'ils participent non seulement à l'élaboration, mais aussi à l'actualisation des orientations du projet éducatif de leur école.

10.3. La responsabilité et l'engagement dans l'école

Dans le chapitre précédent, nous avons examiné les différentes valeurs auxquelles les enseignantes et enseignants sont confrontés : leurs valeurs personnelles, les valeurs de leur profession et celles de la société dans laquelle ils vivent. Il faut maintenant regarder de plus près un dernier type de valeurs : celles qui sont liées à l'école dans laquelle ils travaillent. On les considère comme des valeurs institutionnelles. La question des valeurs institutionnelles se présente sous deux aspects : le premier aspect concerne les valeurs de l'établissement alors que le second concerne les valeurs professionnelles à vivre dans l'école et non pas seulement dans sa classe.

Chaque établissement a le droit de privilégier des valeurs particulières dans son projet éducatif. Pour l'un, ce sera la santé globale, pour un autre, le respect de l'environnement ou bien encore une formation religieuse dans le cas d'une école privée à vocation religieuse. Sous peine de se retrouver en pleine contradiction ou en *conflit de valeurs, les enseignantes et enseignants doivent respecter les valeurs de l'école où ils travaillent. Un enseignant opposé ouvertement aux valeurs choisies par son école ne pourrait pas assurer correctement son rôle professionnel dans cette école. Par exemple, un enseignant opposé à la religion ne peut enseigner dans une école qui fait de l'éducation religieuse un élément essentiel de son projet éducatif, mais il peut enseigner ailleurs.

Comme membres actifs de la communauté éducative, les enseignantes et enseignants peuvent s'appuyer sur leurs valeurs professionnelles pour jouer leur rôle spécifique dans l'école. L'une de ces valeurs, c'est la responsabilité, qu'ils partagent avec les autres éducateurs et avec les parents, de favoriser l'apprentissage et le développement des jeunes. Une autre, c'est l'engagement envers la réussite des élèves. C'est aussi une valeur partagée avec les autres partenaires de l'école. L'engagement envers la réussite implique que chaque enseignante et chaque enseignant utilise toutes ses ressources professionnelles pour aider les élèves à apprendre et pour les encadrer dans leur apprentissage. Il s'agit, bien sûr, d'une obligation de moyens, comme nous l'avons vu précédemment, et non d'une obligation de résultats.

Il arrive, malgré tous les efforts déployés par le personnel enseignant, que certains élèves ne réussissent pas à apprendre selon les attentes habituelles. L'éthique professionnelle n'exige pas la perfection, heureusement. Mais, elle demande à chaque enseignante, à chaque enseignant de faire tout ce qui est possible pour favoriser la réussite scolaire de tous les élèves de son école et pas seulement la réussite des élèves de sa classe ou de ses groupes. La société attend de ses enseignantes et enseignants un engagement réel pour participer à l'atteinte des finalités de l'école et cette attente sociale est à la mesure de la confiance qu'elle place en eux.

10.4. Les différentes formes d'engagement du personnel enseignant dans l'école

Même si plusieurs pensent que leur responsabilité première est reliée à l'apprentissage de leurs élèves, l'école et le milieu scolaire en général offrent de multiples occasions aux enseignantes et enseignants de s'impliquer et de participer aux décisions dans les structures scolaires. C'est là une façon d'expérimenter une forme de collégialité professionnelle. Il est important que les membres du personnel enseignant puissent apporter à diverses instances leur point de vue de personnes qui interviennent directement au quotidien de la classe et qu'ils puissent participer aux débats sur des sujets qui ont des répercussions directes sur eux et leurs élèves. Dans son avis sur la profession enseignante, le Conseil supérieur de l'éducation (2004) énumère et décrit les lieux de participation professionnelle possible des enseignantes et enseignants en dehors de leur classe. Cette participation, encadrée par des balises issues de la *Loi sur l'instruction publique* et de la convention collective de travail, s'articule sur plusieurs plans : à l'échelle de l'école, à l'échelle de la commission scolaire et à l'échelle provinciale. Les tableaux 22 à 24 présentent ces lieux de participation.

Tableau 22
La participation du personnel enseignant à l'échelle de l'école

- siéger au conseil d'établissement (article 42) ;
- participer à l'élaboration, à la réalisation et à l'évaluation du projet éducatif avec les autres acteurs de l'école (article 36.1) ;
- soumettre à l'approbation de la direction d'école (article 96.5) : les programmes d'études locaux, les critères relatifs à l'implantation de nouvelles méthodes pédagogiques, les manuels scolaires, les règles de classement des élèves ;
- participer à l'élaboration des propositions que la direction d'école doit soumettre au conseil d'établissement (article 89) sur les modalités d'application du régime pédagogique, l'orientation générale de l'enrichissement ou de l'adaptation des programmes d'études, l'orientation générale des programmes locaux, le temps alloué à chaque matière, les activités éducatives qui ne sont pas prévues à l'horaire ou qui se déroulent à l'extérieur de l'école, la mise en œuvre des programmes des services complémentaires et particuliers ;
- participer à l'élaboration des propositions que la direction d'école doit soumettre au conseil d'établissement (article 77) sur l'élaboration du plan de réussite et les règles de conduite et de sécurité des élèves ;
- être consulté par la direction d'école au sujet des besoins en matière de ressources humaines et de perfectionnement (article 96.20).

Source : CSE, 2004.

Tableau 23
**La participation du personnel enseignant à l'échelle
de la commission scolaire**

- siéger au comité consultatif des services aux élèves handicapés ou en difficulté d'adaptation ou d'apprentissage (EHDAA);
- siéger au comité de participation du personnel enseignant (ce comité est habituellement formé de membres nommés par la commission scolaire et par le syndicat local);
- siéger au comité de perfectionnement de la commission scolaire;
- être consulté sur l'application du régime pédagogique, des programmes d'études établis par le ministre et des programmes locaux (article 22), l'élaboration de certains programmes locaux de spécialités professionnelles (article 223), les programmes des services particuliers et complémentaires (article 224), les épreuves de fin de cycle au primaire et de premier cycle au secondaire (article 231), les règles de passage au secondaire et au second cycle du secondaire (article 233), les services aux élèves handicapés ou en difficulté d'adaptation ou d'apprentissage et les règles d'intégration dans les classes ordinaires (articles 234 et 235), les services éducatifs dans chaque école (article 236), le calendrier scolaire (article 238), les critères d'inscription des élèves (article 239), l'établissement d'une école à projet particulier (article 240) et l'évaluation des programmes (article 243).

Source : CSE, 2004.

Tableau 24
**Les lieux de la participation du personnel
enseignant à l'échelle provinciale**

- Comité d'orientation de la formation du personnel enseignant (COFPE);
- Commission des programmes d'études;
- Comité d'évaluation des ressources didactiques.

Source : CSE, 2004.

Les trois tableaux qui viennent d'être présentés montrent qu'il existe plusieurs lieux où le personnel enseignant peut apporter son point de vue. La profession enseignante est donc loin d'être dirigée par quelques fonctionnaires du ministère de l'Éducation, comme on l'entend dire souvent. Dans le système scolaire démocratique du Québec, les enseignantes et enseignants ont vraiment l'occasion de faire entendre leur voix à divers paliers. Il est donc de la responsabilité individuelle et collective des enseignantes et enseignants de participer à ces instances et de prendre part aux décisions qui affectent l'éducation.

10.5. Les relations avec les autres professionnels de l'école et les parents : collégialité, collaboration et partenariat

Les enseignantes et enseignants interagissent à l'école avec toutes les personnes qui sont membres de la communauté éducative. Ils sont ainsi amenés à collaborer de façon régulière, d'une part, avec leurs collègues et, d'autre part, avec deux catégories particulières de personnes : les autres professionnels de l'école et les parents. Dans les deux cas, l'objectif de la collaboration ou de la simple concertation est toujours l'apprentissage et le développement de l'élève afin qu'il puisse bénéficier d'interventions cohérentes et de soutien. Il ne s'agit pas, pour les enseignantes et enseignants, de se délester d'une partie de leur charge sur d'autres, mais de l'accomplir avec des personnes dont les compétences sont complémentaires aux leurs.

Les professionnels non enseignants de l'école sont regroupés dans les services complémentaires dont la fonction est de favoriser le développement global des élèves. Les interventions de ces profes-sionnels visent à améliorer la vie personnelle, familiale et sociale des élèves. C'est pourquoi elles peuvent avoir des répercussions très importantes sur la réussite scolaire. Comme on sait que les élèves en difficulté ne sont pas dans les meilleures conditions pour apprendre et qu'ils ont besoin d'une aide supplémentaire pour le faire, le travail en équipe *multidisciplinaire entre enseignants et professionnels des services complémentaires s'avère donc essentiel. Dans certains cas, c'est d'ailleurs une obligation légale. Il se passe exactement la même chose dans les hôpitaux. Autour du malade, plusieurs professionnels se concertent et collaborent pour lui prodiguer les soins nécessaires.

Comme d'autres professionnels, les enseignantes et enseignants sont, eux aussi, amenés à développer avec leurs collègues une certaine éthique *interprofessionnelle. L'expérience en milieu de travail montre, par exemple, que sans une éthique de la discussion fondée sur l'écoute, le respect de l'autre et un réel engagement, il n'y a pas d'étude de cas, de plan d'intervention ou de projet qui soit vraiment possible en équipe multidisciplinaire. Mais, dans leur travail interpro-fessionnel, les différents professionnels doivent aussi respecter les champs de compétences de leurs collègues. Les actes professionnels d'un enseignant ne sont pas ceux d'un travailleur social, par exemple. Les professionnels membres d'un ordre professionnel ont accès à une description de leurs actes professionnels et à un *code de déontologie qui précisent leurs obligations envers leurs collègues et envers les autres professionnels. Bien que les enseignantes et enseignants ne disposent ni d'un ordre professionnel ni d'un code de déontologie, ils sont quand même eux aussi amenés à vivre une certaine éthique interprofessionnelle avec leurs partenaires scolaires. Deux des éléments de base de cette éthique ont certainement trait au respect des compétences d'autrui et à la confidentialité des renseignements concernant les élèves.

Les parents sont des partenaires éducatifs essentiels en dehors de l'école et dans l'école. Ils peuvent participer activement à la vie de l'école en siégeant au Conseil d'établissement. Ils peuvent aussi agir comme bénévoles lors de sorties scolaires, de projets spéciaux, ou dans les bibliothèques. Mais, leur rôle essentiel et commun à tous, c'est d'être des parents d'élèves. Les recherches en éducation démontrent à quel point l'engagement des parents et leur collaboration avec l'école sont des facteurs de réussite scolaire. En ce qui concerne les relations avec les parents, au moins trois éléments d'une éthique professionnelle enseignante sont de mise. Le premier élément de cette éthique est certainement de considérer les parents comme de véritables partenaires éducatifs dans l'école et pas seulement à la maison. Le deuxième élément est de développer une relation de confiance avec les parents, centrée sur l'aide à l'apprentissage des jeunes. Sans respect du rôle éducatif des parents et sans reconnaissance de leurs compétences, il n'y a guère de collaboration possible entre le personnel enseignant et les parents. Mais, sans reconnaissance des compétences professionnelles des enseignantes et enseignants et de leur pouvoir d'intervenir de la part des parents, il ne peut y avoir de collaboration non plus. Le troisième élément, sans doute plus technique, est d'établir des modes de communication efficaces avec les parents et de les utiliser de manière systématique. Bien que la collaboration entre le personnel enseignant et les parents soit une nécessité plus évidente dans le cas des élèves handicapés ou en difficulté, elle est nécessaire et bénéfique pour tous les élèves.

10.6. Le professionnalisme collectif

Depuis le début de ce chapitre, nous avons abordé la dimension collective du professionnalisme enseignant qu'on appelle le professionnalisme collectif. C'est une notion qui est apparue, il y a plusieurs

années, comme un objectif visant à « faire des enseignants des partenaires réels dans la gestion de l'activité éducative » (CSE, 1991, p. 32).
Il faut donc situer le professionnalisme collectif comme l'un des
aspects du mouvement de professionnalisation du personnel enseignant. Plus les enseignantes et enseignants se considèrent comme des
professionnels, plus ils sont à même de développer leur autonomie
et un certain contrôle sur leurs interventions et sur leur profession.
L'éthique professionnelle est nécessaire pour assumer les rôles exercés
en classe et en dehors de la classe de façon responsable. Dans un texte
qui est considéré comme une référence à ce sujet, Bisaillon (1993)
précise les quatre dimensions du professionnalisme collectif : le partenariat dans une tâche éducative, l'entraide professionnelle, la participation au projet d'établissement et l'éthique de *service public.

Les trois premiers éléments se vivent dans l'école, mais le
dernier est plus large et concerne les rapports des enseignantes et
enseignants avec la société. Bisaillon (*Ibid.*, p. 231) rappelle que
« l'éducation n'est pas un service privé ». Le système d'éducation est,
en effet, un puissant moyen que se donne une société pour assurer le
développement de base requis pour l'insertion sociale de sa population. Cette éthique de service public du personnel enseignant peut
prendre, selon Bisaillon, deux directions : un engagement en faveur
de l'éducation et des interventions publiques dans les grands débats
sur l'école. Cette éthique existe déjà dans les milieux éducatifs même
si elle n'est pas nommée ainsi.

Nous avons vu que l'engagement, comme qualité importante
pour les enseignantes et enseignants, porte autant sur l'actualisation
des finalités de l'école que sur le développement des élèves. Même s'il
n'existe pas d'orientations qui précisent comment intervenir publiquement pour participer à l'amélioration du service public qu'est l'éducation, un grand nombre d'enseignantes et d'enseignants font un
travail immense au sein de leurs associations professionnelles, au
Conseil professionnel interdisciplinaire du Québec et dans les syndicats. En s'impliquant publiquement comme groupes de professionnels
dans les grands débats sur l'école, par exemple, sur des sujets tels que
les compressions budgétaires en éducation ou le retour des écoles non
mixtes, ils pourraient faire d'une pierre deux coups. Ils pourraient
démontrer leur engagement social et promouvoir leur profession qui
n'est pas toujours reconnue à sa juste valeur dans notre société.

En somme, la société et les autorités éducatives attendent des enseignantes et enseignants qu'ils développent leur éthique professionnelle d'abord dans leurs classes, puis dans leurs écoles et ensuite dans la société. Il est important de répondre à cette demande. Cette demande n'existe que parce que la société a de grandes attentes par rapport à la profession enseignante, attentes qu'il serait très dommage de décevoir. En répondant à cette demande, les membres du corps enseignant peuvent saisir l'occasion de préciser leur *identité professionnelle, de partager des valeurs professionnelles entre eux, d'intégrer de jeunes collègues et de faire connaître leur travail dans la société. C'est un défi qui mérite d'être relevé.

■ QUESTIONS DE COMPRÉHENSION ET DE RÉFLEXION

1. Quelles sont les responsabilités des enseignantes et enseignants dans l'école?

2. À partir de la lecture de ce chapitre et en vous fondant sur votre expérience, indiquez quelles formes d'engagement professionnel les enseignantes et enseignants peuvent démontrer dans leur école.

3. Quels sont les membres du personnel non enseignant dans les écoles? En quoi sont-ils concernés par l'éthique professionnelle enseignante?

4. Qui sont les partenaires éducatifs des enseignantes et enseignants? Qu'en déduisez-vous au point de vue éthique?

5. Qu'est-ce que le professionnalisme collectif apporte de plus au développement de l'éthique professionnelle enseignante?

6. Donnez un exemple précis de démarche de professionnalisme collectif.

■ ATELIERS

ATELIER 1.
TRAVAIL EN ÉQUIPE : LE SPORT À L'ÉCOLE

▶ *Première étape*

DISCUTEZ EN ÉQUIPE DE LA SITUATION SUIVANTE EN VUE DE RÉPONDRE AUX QUESTIONS :

Un nouvel enseignant commence à travailler dans une école où se trouve un programme sport-études. Il s'adonne lui-même à différents sports. Il trouve que la pratique sportive peut contribuer à développer l'esprit d'équipe et il anime même un groupe de minibasket dans son quartier. Il constate, peu après son arrivée dans cette école, que les élèves sont sélectionnés à l'entrée sur la base de leurs performances sportives et qu'on les encourage à exceller, mais surtout à gagner contre les autres. Il se sent de moins en moins à l'aise dans cette école.

- Quel est le problème ?
- En quoi est-il de nature éthique ?
- Que peut faire l'enseignant ?

▶ *Deuxième étape*

- Une fois que vous avez déterminé le problème rencontré par l'enseignant, dégagez une autre situation qui se passe en milieu scolaire et qui pourrait affecter une enseignante ou un enseignant de la même manière.

- Préparez-vous à la partager avec la classe. Décrivez d'abord la situation et expliquez pourquoi vous considérez qu'il y a un problème. Ensuite, précisez les démarches que vous suggérez à la personne qui vit la situation.

▶ *Troisième étape*

RETOUR EN GRAND GROUPE :

Présentation des situations rapportées par chaque équipe à la classe. Discussion.

ATELIER 2.
TRAVAIL INDIVIDUEL À PRÉSENTER À LA CLASSE : LA DÉMOCRATIE DANS L'ÉDUCATION

IL S'AGIT D'UN TRAVAIL DE RECHERCHE, DE RÉFLEXION ET D'ANALYSE QUI A POUR OBJET LA DÉMOCRATIE DANS L'ÉDUCATION AU QUÉBEC.

Toute entreprise d'éducation d'une personne ou d'un groupe de personnes comporte des enjeux importants pour une société. Ainsi, au Québec, depuis plus de quarante ans, les concepts de démocratie et d'égalité des chances sont considérés comme centraux dans les débats sur l'éducation. Comme enseignante ou enseignant, vous serez appelé à prendre position et à défendre ces concepts. Vous avez maintenant l'occasion de clarifier votre pensée sur un élément particulier du système éducatif. Il est à noter que chaque personne de la classe devra se pencher sur un élément différent.

Pour réaliser ce travail, chaque personne de la classe effectue au préalable une réflexion et une recherche d'information.

- Donnez une brève définition de ce que vous entendez par démocratie en éducation.
- Nommez, situez et décrivez un élément, dans le système scolaire ou à l'école, que vous considérez comme favorable à davantage de démocratie en éducation.
- Justifiez pourquoi vous jugez que cet élément favorise la démocratie.

Chaque étudiante et chaque étudiant présente son élément et sa justification aux collègues. Les présentations sont suivies d'une discussion de classe sur la démocratie en éducation et sur le rôle du personnel enseignant à cet égard.

Conclusion

Nous voici arrivés au terme du parcours de formation proposé par ce livre. On aura pu remarquer sa logique de formation : il s'agit d'une approche misant sur la construction collective des compétences professionnelles relatives à l'enseignement et plus particulièrement de la compétence éthique. Dans ce cadre, le contenu exposé a visé à nourrir la réflexion individuelle et collective sur la pratique professionnelle qu'est l'enseignement. En quoi la réflexion, les dialogues et les échanges peuvent-ils contribuer au développement, chez chacune et chacun, de son *éthique professionnelle et chez tous, d'une éthique de la profession enseignante ? La réponse que nous apportons à cette question repose sur des observations de la vie professionnelle et de la vie en société.

Dans notre société, nous avons une nette tendance à l'action. Nous voulons faire beaucoup de choses en même temps : travailler, étudier, aimer, sortir, prendre soin de nous et de nos proches, avoir des loisirs, faire du sport, etc. Nos journées sont pleines et nos agendas bien remplis. Quand avons-nous le temps de réfléchir au sens de notre vie, au sens de notre agir ? Le moment de la formation initiale et de la formation continue, malgré les emplois du temps chargés de tout un chacun, nous semble constituer un moment idéal pour s'arrêter un peu et se donner un espace de parole et d'échanges sur la vie professionnelle. Ce livre a fourni un cadre pour prendre le temps d'examiner, semaine après semaine, les multiples composantes qui entrent en jeu dans l'agir professionnel en enseignement, de tenter de les comprendre pour soi-même et de partager ses questions, ses remarques, ses objections avec ses *pairs, d'entendre des points de vue différents du sien, de s'ouvrir à trouver des repères partagés avec les collègues pour mieux saisir le sens et les enjeux de la pratique professionnelle qu'est l'enseignement.

L'approche réflexive mise de l'avant dans ce livre s'appuie sur l'orientation professionnelle de la pratique de l'enseignement. À l'instar de nombreux endroits dans le monde, au Québec, on considère de plus en plus les enseignantes et enseignants comme des professionnels. Cela signifie qu'on conçoit l'enseignement comme un travail qui repose, d'une part, sur l'exercice du *jugement professionnel et non sur l'application ou l'exécution de décisions prises par d'autres et, d'autre part, sur la responsabilité de son agir. Être responsable, c'est être capable de répondre des décisions à la base de son agir et de les justifier. Tout le livre a été conçu pour fortifier les composantes du jugement professionnel et apporter des arguments qui soutiennent la *responsabilité professionnelle individuelle et collective.

Enfin, la complexité de l'enseignement et son importance dans la société ne doivent jamais être sous-estimées ni par le personnel enseignant lui-même ni par qui que ce soit dans la société. Aller en classe tous les jours pour travailler au développement des compétences des personnes restera toujours un immense défi à relever. Rien n'est jamais acquis une fois pour toutes dans une carrière en enseignement. L'éthique que nous avons proposée ici prend naissance dans la réflexion sur les pratiques concrètes sur le terrain, les divers enjeux qui les concernent et les tensions qui les traversent. Elle se construit dans le dialogue entre pairs et elle favorise ainsi une *autogestion de la pratique par les pairs. Elle fournit des repères pour prendre des décisions éclairées qui tiennent compte des *valeurs de l'éducation, de la valeur de la personne et de sa dignité. Et elle se vit dans l'agir quotidien et dans tous les gestes éducatifs que chacun pose tout au long de sa carrière dans le domaine de l'éducation.

Références bibliographiques

ARISTOTE. *Éthique de Nicomaque*, Paris : Garnier-Flammarion, édition de 1965.

ASSOCIATION DES ORTHOPÉDAGOGUES DU QUÉBEC. *Code de déontologie*, Québec, 2001.

BISAILLON, R. « Pour un professionnalisme collectif », *Revue des Sciences de l'éducation*, XIX(1), p. 225-232, 1993.

BOUCHARD, N. *Éduquer le sujet éthique par des pratiques novatrices en enseignement et en animation*, Québec : Presses de l'Université du Québec, 2004.

CANADIAN FOUNDATION FOR CHILDREN, YOUTH AND THE LAW C. CANADA (PROCUREUR GÉNÉRAL). 1 R.C.S. 76, 2004, CSC 4.

COMMISSION SCOLAIRE DU CHEMIN-DU-ROY. *Code d'éthique de la Commission scolaire du Chemin-du-Roy*, <http://www.csduroy.qc.ca>, page consultée le 10 juin 2005.

COMTE-SPONVILLE, A. *Petit traité des grandes vertus*, Paris : Presses universitaires de France, 1995.

CONSEIL DE RECHERCHES MÉDICALES DU CANADA, CONSEIL DE RECHERCHES EN SCIENCES NATURELLES ET EN GÉNIE DU CANADA ET CONSEIL DE RECHERCHES EN SCIENCES HUMAINES DU CANADA. *Énoncé de politique des trois conseils*: *éthique de la recherche avec des êtres humains*, Ottawa : Ministère de l'Approvisionnement et des Services, 1998, (incluant les mises à jour de 2000 et 2002).

CONSEIL DU LOISIR SCIENTIFIQUE MAURICIE ET CENTRE-DU-QUÉBEC. *Guide de prévention et d'interprétation en matière d'abus et de harcèlement sexuel*, Trois-Rivières : Conseil du Loisir Scientifique, 2002.

CONSEIL SUPÉRIEUR DE L'ÉDUCATION. *La profession enseignante : vers un renouvellement du contrat social*, Rapport annuel 1990-1991 sur l'état et les besoins en éducation, Québec : Conseil supérieur de l'éducation, 1991.

CONSEIL SUPÉRIEUR DE L'ÉDUCATION. *L'école, une communauté éducative : voies de renouvellement pour le secondaire*, Avis à la Ministre de l'Éducation, Québec : Conseil supérieur de l'Éducation, 1998.

CONSEIL SUPÉRIEUR DE L'ÉDUCATION. *La gouverne de l'éducation : logique marchande ou processus politique*, Rapport annuel 2001-2002 sur l'état et les besoins en éducation, Québec : Conseil supérieur de l'éducation, 2002.

CONSEIL SUPÉRIEUR DE L'ÉDUCATION. *Un nouveau souffle pour la profession enseignante*, Avis au Ministre de l'Éducation, Québec : Conseil supérieur de l'éducation, 2004.

DESAULNIERS, M.-P. « La séduction pédagogique », dans A. Giroux (dir.), *Repenser l'éducation : repères et perspectives philosophiques*, Ottawa : Presses de l'Université d'Ottawa, p. 85-101, 1998.

DESAULNIERS, M.-P. « L'éthique appliquée en éducation », *Revista de Educacao, Instituto de Educacao e Psicologica da Universita do Minho*, 13(1), p. 299-317, 2000.

DESAULNIERS, M.-P. « La dimension éthique de la supervision ou l'art de la médiation », dans N. Rousseau et M. Boutet (dir.), *Les enjeux de la supervision pédagogique des stages*, Québec : Presses de l'Université du Québec, p. 129-140, 2002a.

DESAULNIERS, M.-P. «Quelques pistes pour analyser et résoudre des problèmes éthiques en supervision de stage», dans N. Rousseau et M. Boutet (dir.), *Les enjeux de la supervision pédagogique des stages*, Québec: Presses de l'Université du Québec, p. 153-166, 2002b.

DESAULNIERS M.-P., P. FORTIN, M. JEAN, F. JUTRAS, J.-M. LAROUCHE, G.A. LEGAULT, P.P. PARENT, J. PATENAUDE, M. XHIGNESSE. «Le professionnalisme: vers un renouvellement de l'identité professionnelle», dans G.A. Legault (dir.), *Crise d'identité professionnelle et professionnalisme*, Québec: Presses de l'Université du Québec, p. 183-226, 2003.

DESMEULES, L. *Nouveaux fondements de l'éducation au Québec*, Sherbrooke: Éditions du CRP, 2000.

FÉDÉRATION DES COMITÉS DE PARENTS DE LA PROVINCE DU QUÉBEC. «Faut-il créer un ordre professionnel des enseignants et des enseignantes du Québec?» dans M. Tardif et C. Gauthier (dir.), *Pour ou contre un ordre professionnel des enseignantes et enseignants au Québec?* Québec: Presses de l'Université Laval, p. 93-99, 1999.

GAUTHIER, G. et M. MELLOUKI. *Attirer, former et retenir des enseignants de qualité*, Paris: OCDE, 2003.

GOHIER, C. «Éthique et déontologie: l'acte éducatif et la formation des maîtres professionnellement interpellés», dans M.-P. Desaulniers, F. Jutras, P. Lebuis et G.A. Legault (dir.), *Les défis éthiques en éducation*, Québec: Presses de l'Université du Québec, p. 191-205, 1997.

GOHIER, C. «Mise en échec de la séduction», dans C. Gohier et D. Jeffrey (dir.) *Enseigner et séduire*, Québec: Presses de l'Université Laval, p. 124-135, 1999.

GOUVERNEMENT DU CANADA. *Charte canadienne des droits et libertés*. Annexe B de la *Loi de 1982 sur le Canada*, 1982, c. 11 (R.-U.)

GOUVERNEMENT DU CANADA. *Code criminel*, L.R.C. 1985, c. C-46.

GOUVERNEMENT DU QUÉBEC. *Charte des droits et libertés de la personne*, L.R.Q., c. C-12.

GOUVERNEMENT DU QUÉBEC. *Code civil du Québec*, L.Q., 1991, c. 64.

GOUVERNEMENT DU QUÉBEC. *Code des professions*, L.R.Q., c. C-26.

GOUVERNEMENT DU QUÉBEC. *Loi sur l'accès aux documents des organismes publics et sur la protection des renseignements personnels*, L.R.Q., c. A-2.1.

GOUVERNEMENT DU QUÉBEC. *Loi sur l'instruction publique*, L.R.Q., c. I-13.3.

GOUVERNEMENT DU QUÉBEC. *Loi sur la protection de la jeunesse*, L.R.Q., c. P-34.1.

GOUVERNEMENT DU QUÉBEC. *L'école québécoise : énoncé de politique éducative et plan d'action*, Québec : Ministère de l'Éducation, 1979.

GOUVERNEMENT DU QUÉBEC. *Préparer les jeunes au 21ᵉ siècle*, Rapport du groupe de travail sur les profils de formation au primaire et au secondaire, C. Corbo président, Québec : Ministère de l'Éducation, 1994.

GOUVERNEMENT DU QUÉBEC. *La formation à l'enseignement secondaire général : orientation et compétences attendues*, Québec : Direction générale de la formation et des qualifications, Ministère de l'Éducation, 1994.

GOUVERNEMENT DU QUÉBEC. *Rénover notre système d'éducation : dix chantiers prioritaires*, Rapport final de la Commission des États généraux sur l'éducation, Québec : Ministère de l'Éducation, 1996.

GOUVERNEMENT DU QUÉBEC. *L'école tout un programme*, Énoncé de politique éducative, Québec : Ministère de l'Éducation, 1997.

GOUVERNEMENT DU QUÉBEC. *La formation à l'enseignement : Les orientations, les compétences professionnelles*, Québec : Ministère de l'Éducation, 2001a.

GOUVERNEMENT DU QUÉBEC. *Programme de formation de l'école québécoise*, Québec : Ministère de l'Éducation, 2001b.

GOUVERNEMENT DU QUÉBEC. *Les services éducatifs complémentaires essentiels à la réussite*, Québec: Direction de l'adaptation scolaire et des services complémentaires, Ministère de l'Éducation, 2002.

GOUVERNEMENT DU QUÉBEC. *Pour une éthique partagée dans la profession enseignante*, Québec: Comité d'orientation de la formation du personnel enseignant, Ministère de l'Éducation, 2004.

HARE, W. *What Makes a Good Teacher*, London (Ontario): The Althouse Press, 1993.

HOUSSAYE, J. *Le triangle pédagogique*, Berne: Éditions Peter Lang, 1982.

JACQUARD, A. *Petit manuel de philosophie à l'usage des non-philosophes*, Montréal: Stanké, 1996.

JONAS, H. *Le principe responsabilité: une éthique pour la civilisation technologique*, traduit de l'allemand, Paris: Éditions du Cerf, 1990.

JUTRAS, F. « Le professionnalisme: valeur fondamentale de l'éthique professionnelle », *Revue préscolaire*, 42(1), p. 19-23, 2004.

JUTRAS, F., M.-P. DESAULNIERS et G.A. LEGAULT. « Qu'est-ce qu'être enseignante ou enseignant au primaire et au secondaire aujourd'hui? » dans G.A. Legault (dir.), *Crise d'identité professionnelle et professionnalisme*, Québec: Presses de l'Université du Québec, p. 155-182, 2003.

JUTRAS, F., J. JOLY, G.A. LEGAULT et M.-P. DESAULNIERS. « L'intervention professionnelle en enseignement: les conceptions de la profession chez le personnel enseignant et du secondaire », *Revue des sciences de l'éducation*, XXXI(3), p. 563-583, 2005.

LAVOIE, L. « L'enseignant, un modèle », dans Service de la formation permanente, Barreau du Québec, *Développements récents en droit de l'éducation*, Yvon Blais: Cowansville, 2001, p. 79-106.

LECOMPTE, J.L. *Enseigner l'Holocauste au 21ᵉ siècle*, Strasbourg: Édition du Conseil de l'Europe, 2001.

LEGAULT, G.A. *Professionnalisme et délibération éthique*, Québec: Presses de l'Université du Québec, 1999.

LEGAULT, G.A. (dir.). *Crise d'identité professionnelle et professionnalisme*. Québec: Presses de l'Université du Québec, 2003.

LEGENDRE, R. *Dictionnaire actuel de l'éducation*, 3ᵉ éd., Montréal : Guérin , 2005.

LIPOVETSKY, G. *Le crépuscule du devoir*, Paris : Gallimard, 1992.

McDONALD, M. et M.-H. PARIZEAU. *Vers une stratégie canadienne de recherche en éthique appliquée*, Ottawa : Fédération canadienne des études humaines, 1988.

MEIRIEU, P. « L'éducation est un lieu de la parole tenue », *Vie pédagogique*, 74, p. 4-8, septembre-octobre 1991.

MEIRIEU, P. « Les vraies finalités sont celles qui se lisent dans nos plus petits gestes quotidiens », *Vie pédagogique*, 86, p. 4-8, novembre-décembre 1993.

NÉLISSE, C. *L'intervention : les savoirs en action*, Sherbrooke : GGC, 1997.

ORDRE DES CONSEILLERS ET CONSEILLÈRES EN ORIENTATION ET DES PSYCHOÉDUCATRICES ET PSYCHOÉDUCATEURS DU QUÉBEC. <www.occoppq.qc.ca>, page consultée le 20 mars 2005.

PAQUETTE, C. *Éducation aux valeurs et projet éducatif*, tome 1, Montréal, Québec/Amérique, 1991.

REBOUL, O. *Qu'est-ce qu'apprendre ?* Paris : Presses universitaires de France, 1980.

REBOUL, O. *Philosophie de l'éducation*, Paris : Presses universitaires de France, 1989.

REBOUL, O. *Les valeurs de l'éducation*, Paris : Presses universitaires de France, 1992.

RICŒUR, P. « Avant la loi morale, l'éthique », *Encyclopedia Universalis*, Paris : Encyclopedia Universalis, p. 42-45, 1988.

REMY, J., S. LEBOURQ et M. COUSIN. « La beauté, une clef sociale », *L'Express*, 8 février 2002.

ROBERT, P. *Dictionnaire alphabétique et analogique de la langue française*, Paris : Le Robert, 2ᵉ édition, 1988.

SCHÖN, D.A. *Le praticien réflexif*: *à la recherche du savoir caché dans l'agir professionnel*, traduit de l'américain, Montréal: Les Éditions Logiques, 1994.

Serment d'Hippocrate. <http://www.chu-rouen.fr/documed/serment.html>, page consultée le 3 février 2005.

VALIQUETTE, M. et M. ROSS. *Le pouvoir sans abus: pour une éthique personnelle dans la relation d'autorité*, Montréal: Les Éditions Logiques, 1997.

VIE PÉDAGOGIQUE. Dossier sur «l'effet-enseignant», 107, p. 21-48, avril-mai 1998.

VOYER, G. «Les comités d'éthique clinique ont-ils une fonction éducative?» dans J. Patenaude et G.A. Legault (dir.), *Enjeux de l'éthique professionnelle*, tome 1, *Codes et comités d'éthique*, Québec: Presses de l'Université du Québec, p. 31-37, 1996.

Annexes

Annexe 1
Code d'éthique professionnelle de la Corporation des instituteurs et institutrices catholiques du Québec[1]

Afin de mieux atteindre les buts de toute bonne éducation, de promouvoir les intérêts de la profession d'éducateur, de se tracer une ligne de conduite idéale, les membres de la Corporation des Instituteurs et Institutrices catholiques du Québec s'engagent à respecter chacun des articles du présent code de l'éthique professionnelle.

L'instituteur et la profession

L'instituteur travaille au maintien de l'honneur et de la dignité de la profession ;

Il sert la cause de l'éducation par sa conduite, par sa parole et par ses actions : il cherche en tout l'intérêt des membres de la profession et, par là, celui des enfants qui lui sont confiés ;

Il prend les moyens propres à maintenir sa compétence et à rendre son enseignement des plus profitables ;

---

1. Corporation des instituteurs et institutrices catholiques du Québec, *Lois, Règlements, Code d'éthique professionnelle*, sans lieu ni date, p. 55-56.

Il travaille constamment au relèvement du niveau social du personnel enseignant ;

Il ne doit pas se livrer à l'enseignement en vue de bénéfices pécuniaires, mais il doit insister pour qu'on lui accorde le traitement qui convient à son rang social ;

Il incite les meilleurs sujets à embrasser la profession et en détourne ceux qui n'en semblent pas dignes ;

Il comprend que la compétence seule motive un engagement ou une promotion et qu'il est du devoir des officiers supérieurs de veiller aux intérêts de la profession en n'accordant de l'avancement qu'aux plus méritants ;

Il s'interdit de critiquer publiquement les membres de la profession. Il doit également dire à qui de droit ce qui peut aider ou nuire à la profession ;

Il comprend que les rapports entre confrères, supérieurs et inférieurs, doivent être à la base de sympathie, de part et d'autre, et d'acceptation mutuelle du droit de commander pour le supérieur et du droit d'exprimer son opinion pour tout instituteur ;

Il est membre de l'association locale des instituteurs.

L'instituteur et l'élève

L'instituteur donne le meilleur de lui-même aux élèves qui lui sont confiés ;

Il fait de la religion catholique l'objet principal de son enseignement, la considérant comme un principe de vie et un élément essentiel de formation ;

Il cultive chez les élèves leurs qualités ethniques, l'amour et la fierté de la patrie canadienne ;

Il poursuit des fins d'ordre professionnel dans son enseignement, sa discipline ou ses rapports avec les élèves en général ;

Il est juste, impartial et bon. Il tient compte de la diversité d'intérêts, d'aptitudes, de capacités et de milieu des élèves ;

Il est tenu au secret professionnel envers ses élèves.

L'instituteur et la société

En tout et partout, il fait honneur à la parole donnée et il respecte les engagements pris ;

Il ne tolère pas que son travail serve à des fins politiques, ou à des intérêts personnels quels qu'ils soient ;

Il ne pratique aucun métier, commerce, industrie, profession, ou charge, incompatible avec l'exercice de la profession d'instituteur ;

Il suscite l'intérêt et stimule l'action du public dans le domaine de l'éducation ;

Il accorde son entier appui à l'établissement d'une coopération intelligente entre l'école et la famille ;

Il se souvient toujours qu'il est un éducateur professionnel au service de Dieu, de la patrie, et de la jeunesse de son pays.

Annexe 2
Compétence n° 12[1]

ÉNONCÉ DE COMPÉTENCE

Agir de façon éthique et responsable dans l'exercice de ses fonctions.

Le sens de la compétence

Le professionnalisme se réfère à un état ou à une attitude qu'une personne a développé au cours d'un processus de socialisation professionnelle et qui fait en sorte qu'elle adhère aux normes communes partagées par le groupe de professionnelles ou de professionnels. En conséquence, on s'attend d'un maître qu'il fasse preuve de professionnalisme, c'est-à-dire qu'il respecte dans sa pratique la procédure et les normes partagées dans sa profession (Bourdoncle 1991).

En premier lieu, le professionnalisme suppose que le futur maître s'investisse dans son action, qu'il fasse en quelque sorte le pari d'éducabilité des élèves qui sont sous sa gouverne (Meirieu 1989). En ce sens, il est attendu du maître professionnel qu'il manifeste une conscience professionnelle, c'est-à-dire une forme d'engagement, une obligation de diligence (Ministère de la Culture et des Communications 1998) qui le conduit à prendre soin, dans les limites de son mandat d'encadrement professionnel, des élèves qui lui sont confiés.

---

1. Ministère de l'Éducation du Québec (2001a). *La formation à l'enseignement. Les orientations, les compétences professionnelles*, Québec : Gouvernement du Québec, p. 131-134, et p. 251 pour les références.

Par ailleurs, selon Lang (1999), quand l'autonomie professionnelle s'accroît, la responsabilité de l'enseignante ou de l'enseignant
est plus fortement engagée. L'autonomie professionnelle renvoie donc
à l'éthique de responsabilité de la personne. Dans cette perspective,
dans le contexte actuel de la réforme où une part beaucoup plus importante d'autonomie reposera sur le personnel enseignant et l'équipe-
école, il deviendra essentiel pour l'enseignante ou l'enseignant de
justifier ses actions et de répondre de ce qu'il fait dans sa classe et dans
l'école. C'est pourquoi en tant que personne-ressource professionnelle
mandatée par la société et bénéficiant d'une autonomie relative,
l'enseignante ou l'enseignant doit être capable d'expliquer et de justifier, au besoin, devant ses pairs, devant la direction, devant les
parents, devant les élèves, le sens et la pertinence de ses choix. Entre
l'assujettissement pur et simple à la demande de l'autre, d'une part,
et la fermeture à toute influence, d'autre part, il existe une compétence
discursive à développer et dont on est en droit de s'attendre d'une
professionnelle ou d'un professionnel qui donne un service public.

Cette compétence éthique se réfère à ce que certains appellent le
« courant de l'éthique discursive » (Jeffrey 1999). Dans le contexte de
la classe, celle-ci « évoque la capacité de construire une position
morale, d'en discuter, de décrire un problème de morale, de mettre
en place les règles d'une saine discussion, de rechercher des principes
et des valeurs qui fournissent le fondement des lois qui nous régissent,
de travailler à l'acceptation et la reconnaissance de tous les individus
quelles que soient leurs différences, de réfléchir sur la meilleure forme
de gouvernement, la meilleure justice, la ritualisation de la violence,
de problématiser les convenances, les règles de conduite et les
normes sociales, de chercher à justifier les décisions d'action, de
s'interroger sur les questions qui touchent à l'obligation et la
contrainte » (Jeffrey 1999 : 85).

On comprendra que l'éthique discursive est dans un rapport
étroit à la culture au sens où elle nécessite des savoirs sur l'humain,
les sociétés et les cultures pour mieux appréhender les problèmes de
morale qui peuvent émerger dans la classe. Elle cherche à élaborer
des arguments de qualité qui dépassent le sens commun, à mettre en
place des cadres favorisant la discussion démocratique, l'établissement
de normes justes et l'élaboration de politiques au service du bien
commun (Jeffrey 1999).

Les composantes de la compétence
Discerner les valeurs en jeu dans ses interventions

L'enseignement est un travail où un adulte exerce une influence sur autrui, c'est-à-dire les élèves (Fourez 1990). C'est un métier moral (*moral craft*) (Tom 1984), une profession saturée de valeurs qui entrent parfois en contradiction les unes avec les autres. En effet, comme le mentionne avec justesse Perrenoud (1993) : Faut-il privilégier les besoins de tel individu ou du groupe ? Respecter l'identité de chacun ou la transformer ? Hiérarchiser ou annuler les différences ? S'engager personnellement ou rester neutre ? Imposer pour être plus efficace ou négocier longuement, quitte à ne pouvoir faire que partiellement ? Sacrifier l'avenir ou le présent ? Mettre l'accent sur les savoirs ou sur la socialisation ? Insister sur la structuration de la pensée ou sur l'expression et la créativité ? Favoriser la pédagogie active ou de maîtrise ? Aimer tous les élèves ou laisser passer ses sympathies et antipathies ? En ce sens, il convient donc que le futur maître réfléchisse sur ses valeurs et les *a priori* sous-tendant ses gestes et en observe minutieusement les conséquences sur le bien-être individuel et collectif des élèves. À ce propos, l'analyse réflexive, soutenue par des démarches structurées, semble une approche particulièrement indiquée.

Mettre en place dans sa classe
un fonctionnement démocratique

La classe est comme une microsociété dans laquelle se reproduisent les mêmes tensions qui sont présentes dans la société (violence, racisme, sexisme, etc.). L'élève ne réussit pas spontanément à résoudre démocratiquement les différends auxquels il doit faire face et il doit, par conséquent, apprendre à construire et à utiliser les attitudes et les comportements qui ne conduisent pas à l'exclusion. C'est pourquoi le conseil de classe et l'approche coopérative peuvent, par exemple, être des outils à privilégier par l'enseignante ou l'enseignant pour amener les élèves à régler démocratiquement les conflits qui peuvent se présenter dans la classe.

Fournir aux élèves l'attention et l'accompagnement appropriés

On ne peut réduire la définition d'une professionnelle ou d'un professionnel à un ensemble de comportements ou de compétences externes qui ne nécessitent aucun engagement de la personne. Au contraire, « le professionnel est celui qui sait mobiliser sa subjectivité, son identité personnelle dans sa vie professionnelle » (Le Boterf 1997 : 25). En ce sens, la société et, plus particulièrement, les parents qui confient leurs enfants à une enseignante ou à un enseignant s'attendent que ce dernier manifeste une certaine sollicitude (Meirieu 1991) de même qu'un certain degré de soin et de diligence à l'égard de ceux qui lui sont confiés et dont toute personne-ressource professionnelle ferait normalement preuve dans des circonstances semblables. En ce sens, le devoir de diligence, par opposition à la notion de négligence, dans l'exercice de ses fonctions fait partie de l'éthique professionnelle.

Justifier, auprès des publics intéressés, ses décisions relativement à l'apprentissage et à l'éducation des élèves

L'enseignante ou l'enseignant ne peut être tenu responsable des résultats d'apprentissage de ses élèves puisque nombre de personnes interviennent avant lui, en même temps que lui et même après lui et que le contexte dans lequel il travaille peut fort bien hypothéquer grandement la réalisation de son mandat. Il devient alors difficile de faire reposer sur ses seules épaules la responsabilité des apprentissages effectués dans la classe. Cependant, on est en droit de s'attendre qu'il soit responsable des moyens qu'il mobilise pour instruire et éduquer les élèves. À cet égard, il doit être capable de démonter qu'il met en scène les meilleurs moyens compte tenu de son contexte. C'est pourquoi on ne peut envisager sa responsabilité professionnelle sans faire référence aux ressources que constituent les données de la recherche et sa capacité de conduire dans sa classe des projets dont il documente le déroulement et les effets.

Respecter les aspects confidentiels de sa profession

L'enseignante ou l'enseignant dans son activité quotidienne est mis en présence de renseignements de nature personnelle que peuvent lui confier les parents ou les élèves. Faute d'avoir été sensibilisé aux questions du respect de la confidentialité, il peut succomber à la tentation de divulguer ces faits ou renseignements privilégiés en dehors des nécessités requises précisément par sa tâche. C'est pourquoi l'enseignante ou l'enseignant est tenu à une obligation de discrétion et de réserve dans l'utilisation de renseignements personnels sur les élèves et leurs familles ainsi que sur ses collègues.

Éviter toute forme de discrimination à l'égard des élèves, des parents et des collègues

Dans une société plurielle comme la nôtre, les valeurs des élèves et les points de vue prolifèrent. La classe, l'école, est comme une sorte de foyer où se rencontrent des élèves de toute origine, n'ayant pas tous la même langue maternelle, appartenant à diverses religions, races, classes sociales, etc. Le maître a donc un rôle particulier à jouer à cet égard : il doit contrer les situations qui reproduisent certaines formes de discrimination et d'exclusion et mettre en place des dispositifs qui assurent le respect et l'équité à l'égard des différences, particulièrement celles qui sont liées à l'origine.

Situer à travers les grands courants de pensée les problèmes moraux qui se déroulent dans sa classe

L'analyse des problèmes moraux qui se produisent dans une classe (sexe, violence, drogues, etc.) et la découverte de manières de les aborder exigent de l'enseignante ou de l'enseignant la mobilisation de savoirs culturels précis si l'on ne veut pas qu'il reproduise des préjugés conduisant à diverses formes d'exclusion. Les positions morales ont évolué dans le temps et influent sur la manière d'analyser les problèmes et d'envisager des solutions. C'est pourquoi il devient essentiel pour le maître de pouvoir situer à l'intérieur de courants d'idées (philosophiques, historiques, sociaux, politiques, psychologiques) les problèmes moraux, de bien saisir ses *a priori* afin de pouvoir effectuer des choix fondés et d'assumer personnellement et publiquement ses choix.

Utiliser, de manière judicieuse, le cadre légal et réglementaire régissant sa profession

L'enseignement est une activité régie par un cadre légal et réglementaire. La *Loi sur l'instruction publique* détermine les obligations et les droits du personnel enseignant. De même, la convention collective précise les règles relatives au contrat de travail. Par conséquent, il est entendu que l'enseignante ou l'enseignant accomplira ses tâches dans le respect des exigences du cadre réglementaire régissant sa profession.

Le niveau de maîtrise attendu au terme de la formation initiale

Même si l'enseignement est un métier moral (Tom 1984), il n'en demeure pas moins que cette compétence a été souvent négligée en formation à l'enseignement. Dans une société plurielle où les points de vue sont multiples et dans laquelle le rapport à l'autorité s'est grandement transformé, il convient d'insister tout particulièrement sur cette dimension à l'école et en ce qui concerne la formation à l'enseignement.

Au terme de la formation initiale, l'étudiante ou l'étudiant doit être en mesure :

- d'agir de manière responsable auprès des élèves pour que l'on puisse sans réserve recommander de lui confier un groupe ;

- de répondre de ses actions en fournissant des arguments fondés.

Le référentiel de compétences professionnelles

Compétence n° 12

BOURDONCLE, R. « La professionnalisation des enseignants. Les limites d'un mythe », *Revue française de pédagogie*, n° 105, octobre-novembre-décembre 1993.

BOURDONCLE, R. « La professionnalisation des enseignants : analyses sociologiques anglaises et américaines », *Revue française de pédagogie*, n° 94, janvier-février-mars 1991.

FOUREZ, G. *Éduquer : écoles, éthiques, sociétés*, Bruxelles : De Boeck, 1990.

JEFFREY, D. *La morale dans la classe*, Sainte-Foy : Les Presses de l'Université Laval, 1999.

LANG, V. *La professionnalisation des enseignants*, Paris : Presses universitaires de France, 1999.

MEIRIEU, P. *La pédagogie, entre le dire et le faire*, Paris : ESF, 1995.

MEIRIEU, P. *Le choix d'éduquer. Éthique et pédagogie*, Paris : ESF, 1991.

MEIRIEU, P. *Enseigner, scénario pour un métier nouveau*, Paris : Presses universitaires de France, 1989.

MINISTÈRE DE LA CULTURE ET DES COMMUNICATIONS. *L'éthique dans la fonction publique québécoise*, Québec : Gouvernement du Québec, 1998.

PERRENOUD, P. « La formation au métier d'enseignant : complexité professionnelle et démarche clinique », dans *Compétence et formation des enseignants ?, Actes du colloque de l'Association québécoise universitaire des formateurs de maîtres*, Trois-Rivières, Publications des sciences de l'éducation, Université du Québec à Trois-Rivières, 1993.

TOM, A. *Teaching as a Moral Craft*, New York : Longman, 1984.

Annexe 3
Le Serment d'Hippocrate[1]

Je jure par *Apollon, médecin, par *Esculape, par *Hygie et *Panacée, par tous les dieux et toutes les déesses, les prenant à témoin que je remplirai, suivant mes forces et ma capacité, le serment et l'engagement suivant :

Je mettrai mon maître de médecine au même rang que les auteurs de mes jours, je partagerai mon avoir avec lui et, le cas échéant, je pourvoirai à ses besoins ; je tiendrai ses enfants pour des frères, et, s'ils désirent apprendre la médecine, je la leur enseignerai sans salaire ni engagement. Je ferai part des préceptes, des leçons orales et du reste de l'enseignement à mon fils, à ceux de mon maître et aux disciples liés par engagement et un serment suivant la loi médicale, mais à nul autre. Je dirigerai le régime des malades à leur avantage, suivant mes forces et mon jugement, et je m'abstiendrai de tout mal et de toute injustice.

Je ne remettrai à personne du poison, si on m'en demande, ni ne prendrai l'initiative d'une pareille suggestion ; semblablement, je ne remettrai à aucune femme un *pessaire abortif. Je passerai ma vie

---

1. Différentes versions de ce serment sont utilisées par les corporations médicales dans plusieurs pays, dont le Québec.

et j'exercerai mon art dans l'innocence et la pureté. Je ne pratiquerai pas l'opération de la *taille. Dans quelque maison que j'entre, j'y entrerai pour l'utilité des malades, me préservant de tout méfait volontaire et corrupteur, et surtout de la séduction des femmes et des garçons, libres ou esclaves. Quoi que je voie ou entende dans la société pendant l'exercice ou même hors de l'exercice de ma profession, je tairai ce qui n'a jamais besoin d'être divulgué, regardant la discrétion comme un devoir en pareil cas.

Si je remplis ce serment sans l'enfreindre, qu'il me soit donné de jouir heureusement de la vie et de ma profession, honoré à jamais des hommes ; si je le viole et que je me parjure, puissé-je avoir un sort contraire.

Annexe 4
Le Code d'éthique de la Commission scolaire du Chemin-du-Roy (2004)

Présentation

La Commission scolaire du Chemin-du-Roy a pour mission d'offrir des services éducatifs de qualité qui répondent aux besoins de formation des jeunes, des adultes ainsi que des entreprises et des organismes de son territoire.

Cette mission se définit à partir des trois axes suivants : instruire, socialiser et qualifier.

Elle s'actualise par la volonté de la Commission scolaire de placer l'acte pédagogique et la réussite au premier plan de ses priorités tout en privilégiant des valeurs d'éducation qui reposent sur la coopération, le partenariat et l'engagement envers nos clientèles.

Le présent *Code d'éthique* manifeste cette volonté de la Commission scolaire de partager une philosophie de l'éducation dont les valeurs reflètent la valorisation et le respect des droits de la personne et la recherche de l'excellence dans l'intervention éducative.

La Commission scolaire du Chemin-du-Roy reconnaît que l'élève jeune et adulte est au centre de toutes ses préoccupations et que les services ne prennent leur sens que dans son mieux-être.

Le *Code d'éthique* n'est pas en soi une ligne d'arrivée mais une ligne de départ, une direction à suivre pour préciser et exprimer notre mission et nos engagements.

Ce code contribuera à renforcer la réputation d'excellence de la Commission scolaire du Chemin-du-Roy et de ses intervenants.

Définitions et fondements légaux

Éthique

C'est l'art de diriger notre propre conduite en fonction de ce qui est bien, autant individuellement que collectivement.

Code d'Éthique

Énoncé d'un ensemble de normes, de comportements qui mettent en évidence les valeurs, droits et responsabilités qui doivent guider de façon continue et apparente les attitudes et les comportements de chaque intervenant à travers les gestes pédagogiques, éducatifs ou administratifs qu'il pose.

Dans le présent *Code d'éthique*, le terme « intervenant » signifie tout membre du personnel, stagiaire, bénévole, parent et toute autre personne, à l'exclusion des élèves, directement impliqués dans les activités de la Commission scolaire du Chemin-du-Roy et de ses établissements.

Le *Code d'éthique* s'inscrit dans le cadre des valeurs de promotion et de respect des droits de la personne qui sont véhiculées dans certains textes juridiques.

Quelques textes pertinents

- La *Charte des droits et liberté de la personne*.
- Le *Code civil du Québec*.
- La *Loi sur l'instruction publique*.
- La *Loi sur les normes du travail*.

- La *Loi sur l'accès à l'information et la protection des renseignements personnels*.

- La *Loi sur la santé et la sécurité au travail*.

- La *Loi sur la protection de la jeunesse*.

Valeurs

Tous les intervenants doivent pratiquer une éthique irréprochable. Étant au service de l'intérêt public et des élèves, ils doivent éviter de se placer dans une situation qui contrevient à la mission de la Commission scolaire du Chemin-du-Roy et aux valeurs sous-jacentes qui y sont associées.

Objectifs

- Établir un guide de référence pour les intervenants dans l'exercice de leurs fonctions.

- Assurer des services de qualité dans les unités administratives de la Commission scolaire.

- Favoriser le mieux-être des personnes et consolider les valeurs d'intégrité et de confiance qui constituent les fondements d'une saine organisation.

- Favoriser et développer un milieu d'éducation et un milieu de travail harmonieux exempts de toute forme de harcèlement et/ou violence.

Principes sur l'éthique professionnelle

Les principes suivants sur l'éthique professionnelle guideront les attitudes et les conduites à privilégier par les intervenants qui sont en relation avec les élèves, les parents, les partenaires sociaux et communautaires ainsi que dans leurs relations interpersonnelles avec les collègues de travail.

- Chaque élève a droit à une intervention de qualité.

- Chaque élève et chaque personne de l'organisation est traitée avec courtoisie et équité, dans le respect de sa dignité.

- Chaque intervenant doit agir avec intégrité et bonne foi, ainsi qu'avec compétence, selon les responsabilités qui lui sont confiées.

- Chaque intervenant contribue à véhiculer les orientations et les valeurs préconisées par la Commission scolaire dans ses établissements et services.

Pratiques et conduites attendues des intervenants

Voici les règles de pratiques et de conduites qui doivent guider l'ensemble des intervenants engagés dans les activités de la Commission scolaire du Chemin-du-Roy et ses établissements, dans leurs attitudes et comportements.

La Commission scolaire du Chemin-du-Roy s'engage à promouvoir l'application de son code d'éthique auprès de ses intervenants.

Règles de pratiques et conduites des intervenants

- Témoigner du respect à l'élève tant par ses paroles et par ses gestes, dans un climat de confiance et d'empathie.

- Témoigner du respect tant par ses paroles et ses gestes dans toutes ses relations, notamment avec le personnel, les parents, les bénévoles, les différents partenaires ainsi qu'avec les clients, fournisseurs et contribuables.

- Offrir des services de qualité qui témoignent de l'excellence de ses actions.

- Faire preuve d'intégrité et éviter toute situation où l'intervenant serait en conflit d'intérêt réel ou potentiel.

- Respecter la plus stricte confidentialité dans l'exercice de ses fonctions, entre autres, lors du traitement d'informations faisant l'objet de confidentialité, tels :

  - Tous les renseignements nominatifs reliés à la vie privée des élèves, de leur famille ainsi que ceux reliés aux intervenants.

  - Toute information confidentielle concernant les partenaires, clients, fournisseurs et contribuables.

- Adopter dans ses relations interpersonnelles une conduite qui respecte la dignité et l'intégrité physique ou psychologique de la personne et contribue ainsi à un climat de travail.

- Agir avec loyauté envers la Commission scolaire.

- Adopter une tenue appropriée au cadre éducatif où l'adulte est le premier modèle de l'élève.

- Fournir la prestation de travail attendue.

Trois-Rivières (Québec) G9A 5E7

Tél. : (819) 379-6565

Annexe 5
Facteurs à considérer pour la constitution d'un ordre professionnel[1]

Pour déterminer si un ordre professionnel doit ou non être constitué, il est tenu compte notamment de l'ensemble des facteurs suivants :

- Les connaissances requises pour exercer les activités des personnes qui seraient régies par l'ordre dont la constitution est proposée ;

- Le degré d'autonomie dont jouissent les personnes qui seraient membres de l'ordre dans l'exercice des activités dont il s'agit, et la difficulté de porter un jugement sur ces activités pour des gens ne possédant pas une formation et une qualification de même nature ;

- Le caractère personnel des rapports entre ces personnes et les gens recourant à leurs services, en raison de la confiance particulière que ces derniers sont appelés à leur témoigner, par le fait notamment qu'elles leur dispensent des soins ou qu'elles administrent leurs biens ;

---

1. *Code des professions du Québec*, chapitre IV, Les ordres professionnels, Section I: Facteurs à considérer pour constitution, article 25.

- La gravité du préjudice ou des dommages qui pourraient être subis par les gens recourant aux services de ces personnes par suite du fait que leur compétence ou leur intégrité ne seraient pas contrôlées par l'ordre;

- Le caractère confidentiel des renseignements que ces personnes sont appelées à connaître dans l'exercice de leur profession.

Annexe 6
Liste des professions reconnues par l'Office des professions du Québec en 2005

1. L'Ordre professionnel des avocats du Québec ;
2. L'Ordre professionnel des notaires du Québec ;
3. L'Ordre professionnel des médecins du Québec ;
4. L'Ordre professionnel des dentistes du Québec ;
5. L'Ordre professionnel des pharmaciens du Québec ;
6. L'Ordre professionnel des optométristes du Québec ;
7. L'Ordre professionnel des médecins vétérinaires du Québec ;
8. L'Ordre professionnel des agronomes du Québec ;
9. L'Ordre professionnel des architectes du Québec ;
10. L'Ordre professionnel des ingénieurs du Québec ;
11. L'Ordre professionnel des arpenteurs-géomètres du Québec ;
12. L'Ordre professionnel des ingénieurs forestiers du Québec ;
13. L'Ordre professionnel des chimistes du Québec ;
14. L'Ordre professionnel des comptables agréés du Québec ;
15. L'Ordre professionnel des technologues en radiologie du Québec ;
16. L'Ordre professionnel des denturologistes du Québec ;

17. L'Ordre professionnel des opticiens d'ordonnance du Québec ;

18. L'Ordre professionnel des chiropraticiens du Québec ;

19. L'Ordre professionnel des audioprothésistes du Québec ;

20. L'Ordre professionnel des podiatres du Québec ;

21. L'Ordre professionnel des infirmières et infirmiers du Québec ;

21.1 L'Ordre professionnel des acupuncteurs du Québec ;

21.2 L'Ordre professionnel des huissiers de justice du Québec ;

21.3 L'Ordre professionnel des sages-femmes du Québec ;

21.4 L'Ordre professionnel des géologues du Québec ;

22. L'Ordre professionnel des comptables en management accrédités du Québec ;

23. L'Ordre professionnel des comptables généraux licenciés du Québec ;

24. L'Ordre professionnel des diététistes du Québec ;

25. L'Ordre professionnel des travailleurs sociaux du Québec ;

26. L'Ordre professionnel des psychologues du Québec ;

27. L'Ordre professionnel des conseillers en ressources humaines et en relations industrielles agréés du Québec ;

28. L'Ordre professionnel des conseillers et conseillères d'orientation et des psychoéducateurs et des psychoéducatrices du Québec ;

29. L'Ordre professionnel des urbanistes du Québec ;

30. L'Ordre professionnel des administrateurs agréés du Québec ;

31. L'Ordre professionnel des évaluateurs agréés du Québec ;

32. L'Ordre professionnel des hygiénistes dentaires du Québec ;

33. L'Ordre professionnel des techniciens et techniciennes dentaires du Québec ;

34. L'Ordre professionnel des orthophonistes et audiologistes du Québec ;

35. L'Ordre professionnel des physiothérapeutes du Québec ;

36. L'Ordre professionnel des ergothérapeutes du Québec ;

37. L'Ordre professionnel des infirmières et infirmiers auxiliaires du Québec ;

38. L'Ordre professionnel des technologistes médicaux du Québec ;

39. L'Ordre professionnel des technologues professionnels du Québec ;

40. L'Ordre professionnel des inhalothérapeutes du Québec ;

41. L'Ordre professionnel des traducteurs, terminologues et interprètes agréés du Québec.

Articles 1, 24, 31, 35 du *Code des professions*

Annexe 7
Un cas de favoritisme[1]

Manon est la préférée de son professeur de français. Mme Dion la cite toujours en exemple ; elle lit à haute voix ses compositions, et lui donne des notes très élevées. Manon souffre de cette situation. Ses copines commencent à lui en vouloir. Manon ne sait pas comment mettre fin à ce *favoritisme* qu'elle n'a jamais souhaité. Certes, elle est une élève douée et appliquée, mais pas plus que d'autres élèves de sa classe. Manon ne comprend pas pourquoi Mme Dion l'a choisie. La chance nous a permis de rencontrer cette dernière qui nous a parlé de Manon : « J'ai dans ma classe, cette année, une adolescente, raconte-t-elle, qui est tout le portrait de ma nièce qui est morte l'été dernier dans un accident d'automobile. Je ne peux pas m'empêcher de l'aimer plus que les autres. Je ne m'étais pas aperçue à quel point je la gênais par mon favoritisme. J'ai compris lorsque Louise, une autre élève peu douée, m'a dit en forme de boutade : « On sait bien, il n'y a que Manon qui soit correcte. » Elle m'a ouvert les yeux. Je me suis excusée auprès de Manon et de tout mon groupe. Je crois que cette expérience difficile aura au moins servi à leur montrer que les adultes peuvent se tromper, en prendre conscience et se réajuster.

---

1. Valiquette, M. et M. Ross. *Le pouvoir sans abus : pour une éthique personnelle dans la relation d'autorité*, Montréal : Les Éditions Logiques, p. 80-81, 1997.

Annexe 8
Code de conduite
à adopter avec les participants[1]

Les auteurs de ce texte disent s'être inspirés de deux guides du ministère de la Santé et des Services sociaux : *C'est l'enfant qui compte* et *Guide de prévention pour le personnel*. Le guide présente des recommandations aux animateurs des Clubs de jeunes scientifiques, supervisés par le Conseil du Loisir Scientifique, qui pourraient être utiles au personnel enseignant du préscolaire, primaire et secondaire.

Comportements et règles à adopter avec les participants

Certaines personnes demandent à ceux qui travaillent avec les enfants de ne leur témoigner aucune affection physique. Ce genre de consigne est un « excès de prudence », en quelque sorte le contrecoup des nouvelles mesures de protection contre les mauvais traitements infligés aux enfants. Il est important de montrer son affection aux enfants et de les encourager en se montrant chaleureux et affectueux envers eux, surtout parce qu'un certain nombre d'enfants qui font partie de groupes de jeunes cherchent à s'éloigner de leur foyer en difficultés.

---

1. Conseil du loisir scientifique Mauricie et Centre-du-Québec, *Guide de prévention et d'intervention en matière d'abus et de harcèlement sexuel*, Trois-Rivières : Conseil du loisir scientifique, p. 15-17, 2002.

Si un enfant fait un effort supplémentaire, pourquoi ne pas lui donner une petite tape dans le dos ou lui passer la main dans les cheveux ? Se faire toucher de façon positive et acceptable signifie « Je t'aime bien » et « Tu as ta place ici ». Les intervenants peuvent continuer de se montrer chaleureux envers les enfants tout en protégeant leur intégrité. Voici quelques exemples de comportements à adopter (ou à ne pas faire) avec les jeunes.

- Ne pas hésiter à être affectueux avec les enfants qui expriment le besoin de recevoir de l'affection. Si vous acceptez que d'autres voient ce que vous faites avec un enfant, personne ne devrait y trouver quoi que ce soit à redire. Ne vous isolez pas.

- Ne pas hésiter à toucher les enfants, mais écouter ce qu'ils expriment, comment ils aiment ou n'aiment pas être touchés. Toucher le dos, la tête, les épaules, mais il est inacceptable de leur toucher les fesses, les seins, les cuisses, l'entrejambe.

- Respecter toujours l'intégrité de l'enfant. Certains enfants maltraités craignent ou se méfient de toute forme de contact physique.

- Si un enfant a mal quelque part ou se sent malade et doit être examiné, éviter d'intervenir complètement à l'écart et s'assurer qu'une autre personne soit présente pendant l'examen. Confier l'examen des parties intimes de l'enfant à des professionnels de la santé. Prendre grand soin du bien-être et de la dignité de l'enfant.

- Si l'enfant veut avoir une conversation intime avec nous, vous éloigner des autres, mais rester à la vue du groupe, ou laisser la porte entrouverte.

- Lors de la tenue d'un camp ou d'une sortie, ne pas utiliser les douches et vestiaires en même temps que les jeunes.

- Éviter de se trouver seul avec un enfant pendant la douche ou dans le vestiaire.

- Si un enfant a besoin d'aide dans les douches, le vestiaire ou les toilettes, demander à l'enfant d'identifier clairement ses besoins, lui apporter l'aide nécessaire en restant si possible à la vue (par exemple : dans la salle de bain, installer l'enfant sur le siège et sortir de la cabine en attendant qu'il ait terminé).

- Inciter les accompagnateurs des jeunes handicapés à leur venir en aide, dans les sanitaires et vestiaires.

- Ne jamais obliger un enfant à se déshabiller. Respecter la pudeur de chaque enfant, notamment dans les douches, à la piscine, à la plage.

- Faire preuve de discrétion lorsqu'on doit se changer.

- Être prudent en ce qui concerne les conversations que vous aurez, avec les enfants, sur la sexualité. Les enfants posent des questions franches sur la sexualité et les adolescents demandent parfois des conseils. Écouter l'enfant avec respect est un comportement acceptable.

- Blaguer avec les enfants pour les encourager à la promiscuité ou accepter qu'ils vous montrent des revues pornographiques est dangereux pour l'intervenant et pour les enfants.

- Pour le transport lors d'une activité, les jeunes devraient idéalement s'y rendre par leurs propres moyens. Dans le cas où un transport est requis, respecter les conditions suivantes :

  - Le conducteur possède un permis de conduite approprié ;

  - D'autres participants, des intervenants ou des parents voyagent à bord du même véhicule ;

  - Le trajet ne comprend ni arrêt, ni détours : il mène directement de la base de départ au lieu de l'événement et retour à la base ;

  - Tous les passagers prendront place sur un siège et devront s'attacher. S'il s'agit d'enfants en bas de 12 ans, ils devront être sur les sièges arrière ;

  - Les parents auront, par écrit, autorisé le voyage.

- Rappeler aux parents les nombreuses difficultés encourues lorsqu'ils ne viennent pas chercher les enfants à l'heure convenue et leur remettre les informations suivantes :

  - Un numéro de téléphone où les parents pourront laisser un message en cas de retard prévu (ex. : réception du lieu de l'activité, une boîte vocale identifiée par le responsable de l'activité ou le parent d'un autre participant) ;

  - Insister sur la section « renseignements en cas d'urgence » de la fiche d'inscription qui doit être remplie.

À *ne pas faire*

- Reconduire automatiquement le participant chez lui ou l'amener chez-soi ou en tout autre lieu (Ce genre d'initiative peut rendre l'intervenant vulnérable aux allégations et aux accusations et, il va sans dire, risque de compliquer la situation advenant l'arrivée tardive des parents);

- Faire sortir le participant de l'établissement;

- Faire raccompagner le participant à la maison par une personne non autorisée.

À *faire*

- Tenter de joindre les parents par téléphone;

- Vérifier aux endroits désignés (réception, boîte vocale, etc.), si un message a été laissé par les parents;

- Essayer de joindre la personne substitut désignée par les parents;

- Attendre sur place avec le participant, si possible en compagnie d'un autre intervenant, de participants ou d'un parent;

- S'enquérir auprès de la police si un accident a été signalé et continuer de téléphoner aux parents et aux responsables du CLSC afin de prendre les dispositions nécessaires concernant le jeune;

- Rappeler qu'il est important d'être à l'heure;

- Sévir en cas de retards répétés.

Glossaire

Apollon : dieu, fils de Zeus, protecteur et guérisseur.

Arbitraire : qui n'est pas fondé sur la raison ou qui est imposé de façon autoritaire.

Autogestion : gestion par les pairs ou membres d'un groupe.

Autorégulation : régulation qu'une personne ou un groupe se donne pour fonctionner.

Barbare : caractéristique attribuée par les Grecs dans l'Antiquité aux peuples qui ne partageaient par leur culture. Par extension, ce terme désigne ce qui n'est pas civilisé, pas humain.

Bien public : élément qui appartient à l'ensemble des membres de la société et qui en fait la richesse et la valeur. On dit de l'éducation qu'elle est un bien public car son organisation et son fonctionnement relèvent de la responsabilité de la société dans son ensemble.

Bioéthique : éthique du vivant.

Clinique : lié à la maladie et à l'observation du malade ; par extension, lié aux soins et aux interventions par rapport à des personnes.

Code de déontologie : instrument élaboré par un groupe professionnel pour donner des indications et des balises sur ce qui est acceptable et ce qui ne l'est pas dans la conduite professionnelle.

Collaboratif: qui suppose un travail en commun et un partage des tâches et des responsabilités entre plusieurs personnes.

Collégialité: action exercée par un groupe de pairs, collectivement. Antonyme: individualité.

Comité de discipline: comité relevant d'un ordre professionnel dont le rôle est de recevoir et de traiter les plaintes concernant l'agir de l'un de ses membres.

Confessionnalité: lien d'une structure ou d'une organisation avec une religion.

Confessionnel: qui se rapporte à une religion.

Conflit de valeurs: présence de valeurs opposées dans une même situation.

Conscience professionnelle: souci du travail bien fait et implication personnelle pour le réaliser.

Corporatisme: attitude de défense et de protection des membres d'un groupe social ou professionnel.

Culture: l'ensemble des connaissances et des divers aspects qui caractérisent une civilisation. La culture permet de développer le goût, le sens critique et le jugement.

Culturel: qui se rapporte à la culture.

Décentralisation: fait de confier un pouvoir de décision et d'intervention à des structures locales alors qu'elles étaient auparavant concentrées dans les mains d'un pouvoir central.

Décléricalisation ou **déconfessionnalité**: transformation d'une structure ou d'une organisation confessionnelle en une structure ou une organisation laïque, indépendante de toute religion.

Délibération: réflexion critique effectuée à partir de critères particuliers, menant à une décision.

Déontologie: morale liée à une profession ou à un métier. En lien avec la déontologie, on va souvent voir ou entendre les expressions déontologie professionnelle et code de déontologie.

Dérogatoire: qui s'écarte de ce qui est établi par une loi ou une convention, qui ne correspond pas aux attentes sociales.

Didactique: qui concerne les méthodes et les instruments d'enseignement des matières ou disciplines scolaires.

Dilemme: situation où on doit choisir entre des plans d'action possibles et contradictoires.

Disciplinaire: lié aux disciplines d'enseignement, aux matières présentées dans les programmes d'études.

Discrimination: action qui n'accorde pas un traitement égal à une personne ou à un groupe social.

Dissidence: désaccord par rapport à une décision de groupe.

Empathie: capacité de se mettre à la place d'une autre personne, de ressentir ce que cette personne ressent, surtout dans une situation difficile.

Érotique: qui concerne le désir et le plaisir sexuel.

Érotisation précoce: développement des capacités de séduction à un âge qui ne permet pas encore de les comprendre et de les maîtriser.

Esculape en latin ou Asklépios en grec: fils d'Apollon, dieu de la médecine.

Éthicien, éthicienne: personne qui est spécialisée en éthique fondamentale ou appliquée.

Éthique: éthique et morale ont déjà sensiblement eu la même signification. On dit souvent aujourd'hui que l'éthique se distingue de la morale par sa référence aux valeurs plutôt qu'à des obligations pour l'agir.

Éthique relationnelle: éthique liée aux relations entre les personnes, dimension importante dans les professions de service.

Explicite: qui est exprimé clairement à l'oral ou par écrit.

Hétérogène: qui comprend des parties différentes les unes des autres.

Hétérorégulation: régulation imposée de l'extérieur.

Humaniste: qui prend pour fin la personne humaine et son développement.

Hygie et Panacée: filles d'Esculape ou Asklépios, protectrices de la santé.

Identité professionnelle: *a*) conscience d'appartenir à un groupe professionnel qui a des qualifications, des rôles et des valeurs spécifiques et *b*) façon dont une ou un professionnel se représente son rôle dans la société.

Impartialité: objectivité, absence de préjugés ou de parti pris.

Incitatif: qui propose ou suggère une action.

Institutionnel: lié à une institution sociale (par exemple: l'hôpital, l'école).

Interprofessionnalité : qui est lié à la présence de plusieurs professions (par exemple, dans un comité, un conseil). Ainsi, l'éthique interprofessionnelle concerne les relations entre les membres de groupes professionnels différents qui doivent travailler ensemble.

Jugement professionnel : le jugement professionnel est une forme de raisonnement qui mobilise des stratégies d'observation et d'analyse d'une situation dans le cadre de l'exercice professionnel afin d'établir une ou des hypothèses de diagnostic qu'il convient de vérifier afin de poser le diagnostic, puis d'établir un plan d'intervention à mettre en œuvre et d'évaluer ses effets.

Laïque : indépendant de tout caractère religieux.

Légal : qui est défini par une loi.

Légitime : permis et reconnu par la loi.

Loi (avec une lettre majuscule) : terme employé en psychologie qui signifie l'aspect symbolique de toute loi ou règlement qui structure les comportements, qui est accepté comme tel et qui implique obéissance et respect.

Marginalité : caractère de ce qui est en marge d'un groupe social, un peu en dehors.

Média : moyen de communication de masse écrit (journaux), oral (radio), télévisuel ou électronique (Internet).

Ministre du culte : personne qui a un rôle officiel d'animation, d'enseignement et de gestion dans une église ou une religion.

Monothéiste : une religion monothéiste est une religion dans laquelle on croit en un Dieu unique.

Morale : recherche du bien et du mal, des qualités, des devoirs et des responsabilités qui en découlent.

Moralisme : attachement à un catalogue figé de comportements permis et défendus, de devoirs et de punitions.

Multidisciplinaire : qui regroupe des personnes ayant des formations professionnelles différentes.

Néo-Québécois : nouveau Québécois, personne qui a immigré au Québec.

Nominatif : lié à une personne précise. Un renseignement est dit nominatif quand il contient le nom de la personne.

Norme : obligation limitant une action.

Pair : une personne qui exerce la même fonction professionnelle.

Partenariat : action concertée de plusieurs personnes ou institutions qui en partagent les responsabilités.

Passeur culturel : personne qui permet à une autre d'avoir accès à une culture qui lui était auparavant inconnue. Synonymes : relais, médiateur.

Pédophilie : comportements sexuels avec une ou un enfant, ou avec une personne qui est mineure.

Pénalisation : action de punir un acte inacceptable ou interdit.

Pessaire : moyen de contraception apparenté au stérilet.

Pluralisme : coexistence de personnes, de valeurs, de modes de vie différents dans une société.

Précepte : commandement, ordre auquel il faut obéir.

Professionnalisme : conscience professionnelle permettant à un professionnel de démontrer sa compétence et son éthique professionnelle dans ses interventions.

Professions libérales : professions dont les membres jouissent d'un certain niveau de liberté pour gérer leur travail et leurs interventions. Traditionnellement, il s'agit des plus anciennes professions : médecins, notaires, avocats, architectes.

Psychopédagogique : qui concerne le développement des enfants et des adolescents.

Qualifier : préparer à l'emploi et à l'intégration sociale en orientant une personne dans une voie qui lui permette de se développer et d'obtenir un diplôme en ce sens.

Radiation : action d'interdire le droit de pratique par le fait d'enlever le nom de la personne de la liste des membres d'un ordre professionnel.

Rationnel : qui vient de la raison, de la capacité d'examiner une réalité avec logique, explication, justification.

Reconnaissance sociale : considération apportée par la société à une activité.

Reddition de comptes : justification des actions faites ou des actes posés, notamment pour ce qui relève des biens administrés.

Référent : principe au nom duquel on agit.

Régulation sociale : action de contrôler les comportements des êtres humains dans une société, de façon à permettre de vivre ensemble.

Relation pédagogique : relation entre une enseignante ou un enseignant et ses élèves pris individuellement ou en groupe.

Relation sexuée : relation humaine qui tient compte de l'identité masculine ou féminine des personnes en cause et de ses conséquences dans la relation.

Responsabilité professionnelle : dans le cadre de la pratique professionnelle, prendre des décisions d'agir, selon des critères acceptés par la profession, appropriés à la situation et avoir l'obligation de répondre de son agir et de le justifier.

Savoir : l'ensemble des connaissances plus ou moins systématisées acquises par des activités cognitives.

Service public : ressource mise à la disposition des citoyens d'un pays. Le service public comprend, par exemple, les employés des hôpitaux, des commissions scolaires, de la CSST qui sont reliés au gouvernement, mais dont le véritable employeur est un centre hospitalier, une commission scolaire ou une agence gouvernementale.

Socialiser : apprendre à vivre en société d'une façon respectueuse de soi et d'autrui.

Souci éthique : préoccupation et réflexion relatives au respect des personnes.

Statut social : position dans la société par rapport à d'autres groupes.

Taille : ablation des pierres sur la vessie, intervention faite par un chirurgien.

Valeur : « croyance durable à l'effet qu'un mode de conduite spécifique ou une fin d'existence est personnellement ou socialement préférable à son opposé ou à sa contrepartie ». R. Legendre, *Dictionnaire actuel de l'éducation*, 3ᵉ éd., Guérin : Montréal, p. 1429, 2005.

Vertu : mot ancien désignant les qualités de caractère ou qualités morales d'une personne menant une vie bonne, par exemple, le courage, la bonté.

Vulnérabilité : fragilité, faiblesse, capacité d'être blessé physiquement ou moralement.

Éthiques
Dit et non-dit, contredit, interdit
Guy Bourgeault
2004, ISBN 2-7605-1319-X

**Crise d'identité professionnelle
et professionnalisme**
Georges A. Legault
2003, ISBN 2-7605-1215-0

**Professionnalisme
et délibération éthique**
Manuel d'aide à la décision responsable
Georges A. Legault
1999, ISBN 2-7605-1033-6

Le suicide
Interventions et enjeux éthiques
Pierre Fortin et Bruno Boulianne
1998, ISBN 2-7605-0957-5

Enjeux de l'éthique professionnelle
Tome II • L'expérience québécoise
Sous la direction de Georges A. Legault
1997, ISBN 2-7605-0959-1

Les défis éthiques en éducation
*Sous la direction de
Marie-Paule Desaulniers, France Jutras,
Pierre Lebuis et Georges A. Legault*
1997, ISBN 2-7605-0921-4

Enjeux de l'éthique professionnelle
Tome I • Codes et comités d'éthique
*Sous la direction de Johane Patenaude
et Georges A. Legault*
1996, ISBN 2-7605-0936-2

**Guide de déontologie
en milieu communautaire**
Pierre Fortin
1995, ISBN 2-7605-0877-3

Éthique de l'environnement
Une introduction à la philosophie
environnementale
Joseph R. Des Jardins
*Traduction de Vinh-De Nguyen
et Louis Samson*
1995, ISBN 2-7605-0852-8

La morale • L'éthique • L'éthicologie
Une triple façon d'aborder
les questions d'ordre moral
Pierre Fortin
1995, ISBN 2-7605-0822-6